Rituais
PARA O
encontro
CONSIGO
MESMO

Dados Internacionais de Catalogação na Publicação (CIP)
(Câmara Brasileira do Livro, SP, Brasil)

Heyes, Zacharias
  Rituais para o encontro consigo mesmo /
Zacharias Heyes ; tradução de Markus A. Hediger. –
Petrópolis, RJ : Vozes, 2020.

  Título original: Selbstverständlich : wie Rituale
helfen, wieder bei sich anzukommen
  Bibliografia.
  ISBN 978-85-326-6407-5

  1. Conduta de vida 2. Cristianismo 3. Rituais
4. Vida cristã I. Título.

19-32148   CDD-248.4

Índices para catálogo sistemático:
1. Vida Cristã : Cristianismo   248.4

Cibele Maria Dias – Bibliotecária – CRB-8/9427

ZACHARIAS HEYES

Rituais
PARA O
encontro
CONSIGO
MESMO

Tradução de Markus A. Hediger

EDITORA
VOZES

Petrópolis

© 2018 by Vier-Türme-Verlag, Münsterschwarzach, Alemanha.

Título do original em alemão: *Selbstverständlich – Wie Rituale helfen,
wieder bei sich anzukommen.*

Direitos de publicação em língua portuguesa – Brasil:
2020, Editora Vozes Ltda.
Rua Frei Luís, 100
25689-900 Petrópolis, RJ
www.vozes.com.br
Brasil

Todos os direitos reservados. Nenhuma parte desta obra poderá ser reproduzida
ou transmitida por qualquer forma e/ou quaisquer meios (eletrônico ou
mecânico, incluindo fotocópia e gravação) ou arquivada em qualquer sistema
ou banco de dados sem permissão escrita da editora.

CONSELHO EDITORIAL

Diretor
Gilberto Gonçalves Garcia

Editores
Aline dos Santos Carneiro
Edrian Josué Pasini
Marilac Loraine Oleniki
Welder Lancieri Marchini

Conselheiros
Francisco Morás
Ludovico Garmus
Teobaldo Heidemann
Volney J. Berkenbrock

Secretário executivo
João Batista Kreuch

Editoração: Elaine Mayworm
Diagramação: Sheilandre Desenv. Gráfico
Revisão gráfica: Alessandra Karl
Capa: Rafael Nicolaevsky

ISBN 978-85-326- 6407-5 (Brasil)
ISBN 978-3-7365-0156-0 (Alemanha)

Editado conforme o novo acordo ortográfico.

Este livro foi composto e impresso pela Editora Vozes Ltda.

Sumário

Prefácio, 7

Isso sempre foi assim, 13

    Paradas, 13

    Ciclos, 16

    Os rituais mantêm corpo e alma unidos, 19

    É permitido tocar!, 22

    Ano após ano, 25

    Por que é importante dizer "Amém"?, 32

O fio da meada, 39

    A alma sabe, 40

    Abra os ouvidos!, 42

    Sempre especial, 43

    Ora et labora, 45

    O ritmo define a música, 48

    Agora é pra valer!, 49

    O bom permanece, 52

    Não se apresse!, 55

Naturalmente a cada dia – Rituais da manhã até a noite, 57

    A manhã: o despertar da vida, 58

    O monge: o ritual matinal, 61

    Rituais, 65

        Escute… o despertador, 65

        Escute… o novo dia, 66

Escute... o presente, 67

Escute... a voz da responsabilidade própria e pare de sentir pena de si mesmo, 68

Escute... e não fofoque, 70

O meio-dia: interromper a vida, 71

O monge: o ritual do meio-dia, 73

Rituais, 75

Escute... e pare de acreditar que você só é bom quando estiver estressado, 75

Escute... sua raiva, 76

Escute... suas paixões, 77

Escute... o seu corpo e o alimente, 78

O fim da tarde: a vida se acalma, 80

O monge: o ritual vespertino, 83

Rituais, 84

Escute... sua gratidão, 84

Escute... e pare de querer ser perfeito, 85

À noite: deixar viver, 87

O monge: o ritual noturno, 89

Rituais, 93

Escute... e pare de querer fazer, 93

Escute... seus sonhos, 94

Escute... o silêncio, 94

Coragem!, 97

Contente-se, 98

Você pode parar, 101

Busque, 106

Observações finais, 115

Prefácio

"Eu não conseguiria viver assim. Todo dia a mesma coisa. Que tédio! E não venha me dizer que, nas orações, você sempre reza de coração; você as repete como uma ladainha". Ouço isso com frequência em conversas com as pessoas. Por mais que a nossa vida fascine os visitantes, por mais que aproveitem sua estadia no nosso mosteiro como hóspedes, os nossos cursos ou nossos conselhos para os problemas da vida, as pessoas se assustam quando veem que os monges vivem a cada dia a mesma rotina, que eles observam regulamentos precisos para os horários de oração e alimentação, de trabalho e tempo livre – também porque parece haver pouco espaço para espontaneidade e ideias próprias.

Ao longo dos anos de minha vida como monge fui descobrindo cada vez mais que essa rotina externa e essa vida aparentemente sempre igual me dá uma grande liberdade interior. Rituais e rotinas não têm apenas desvantagens; eles também abrem caminhos para eu encontrar a mim mesmo. Uma das razões é que a ordem externa impõe uma ordem e estrutura também em meu interior. Experimento como eu me torno mais essencial e como meu "caos interior" se ordena.

É claro que os rituais também contêm o perigo de, em algum momento, serem apenas executados automaticamente, porque "isso" sempre foi feito daquele jeito – exatamente daquele jeito. Nesse caso, os rituais se transformam em ordem arbitrária ou que é mantida apenas por razões tradicionais; mas, no fundo, já se esvaziaram. Tornam-se algo meramente externo, sem qualquer relação com a pessoa que os realiza. Nesses casos, os rituais não nos ajudam mais a entrar em contato conosco mesmos. Mas é justamente esse o propósito dos rituais: entrar em contato comigo mesmo – com meu íntimo mais profundo. Como monge, posso dizer também: o propósito é estar em contato com Deus. Nesse caso, o ritual é uma pausa, uma interrupção da rotina cotidiana, permitindo que eu me retire do estresse do dia a dia por determinado tempo, recupere o fôlego e encontre novas forças.

Esse modo de agir é determinado pela pergunta: Qual é a fonte da minha vida? Eu permito que minha vida seja definida pelo meu dia a dia, por aquilo que outros esperam de mim, pela pressão, ou estou conseguindo viver a partir de minha força interior? Sob esse ponto de vista os rituais libertam, ajudam-me a entender a mim mesmo porque estabelecem um contato comigo.

Tenho certeza de que todos os que participam dos nossos rituais conseguem sentir se somos uma comunidade viva e se o ritual que praticamos tem alguma relação conosco mesmos. Bento de Núrsia, o fundador da nossa ordem, afirmava que coração e voz devem estar em harmonia. Aquilo que cantamos e rezamos deve vir do coração. Por isso, nós também sempre reavaliamos de modo crítico os nossos rituais, nossos ritos e nossas rotinas.

Há algum tempo meu superior me contou algo sobre isso: durante muitos anos ele tinha uma equipe que organizava uma academia de verão. No período em que essa academia existiu, foi um grande sucesso. Em algum momento, porém, ele e sua equipe tiveram a impressão de que o conceito tinha se desgastado. Então decidiram encerrar a academia e comunicaram sua decisão. Isso gerou uma onda de protestos. A maioria dos hóspedes que costumavam voltar a cada ano disse que os monges não podiam acabar com a academia e que, sem a ela, faltava-lhes algo importante em sua vida. Meu superior levou essa crítica muito a sério e decidiu, juntamente com sua equipe, retirar-se durante as duas semanas normalmente ocupadas pela academia e desenvolver um novo conceito, uma nova ideia. Esse tempo foi muito fértil para ele e sua equipe, e, juntos, elaboraram um novo projeto. Eles tinham reconhecido: poderíamos ter continuado a academia do mesmo jeito, mas assim manteríamos em vida uma forma externa já morta, porque não estava mais "preenchida".

Antes de me tornar monge convivi com os confrades durante seis semanas no Mosteiro de Münsterschwarzach. Tentei entender a maneira pela qual os monges vivem e me perguntei: Qual é o sentido de ir para a igreja várias vezes por dia para rezar? Qual é o sentido de levantar todos os dias às 5h da manhã, apesar de não ser essa a hora em que costumo acordar? Por que consigo imaginar viver dessa, e não de outra forma?

Continuo a fazer essas mesmas perguntas. Eu as faço também hoje, depois de quase 20 anos: Por que vivo dessa forma? Especialmente quando um confrade sai da comunidade, eu me pergunto: Por que eu devo ficar?

Repetir essa pergunta constantemente me impede que o meu caminho e a minha vida como monge se transformem em hábito. Isso também me impede de tornar um monge "que simplesmente vive do jeito que vive" porque sempre viveu assim.

Essa pergunta é ainda mais importante para mim, pois necessito e amo a liberdade. Por que, então, a vida de um monge continua a exercer uma atração tão forte sobre mim e consegue me convencer a viver nessa aparente oposição à minha natureza, a aceitar uma vida caracterizada por rituais e disciplina?

A vida aqui no mosteiro conhece muitas rotinas. Não estou falando apenas da organização rígida do dia, mas também da regra que nos obriga a viver em silêncio, que nos permite falar apenas quando necessário e apenas em espaços especificamente designados para isso. Existem regras para quase todas as atividades: como devo entrar e sair da capela, quando devo vestir meu hábito etc.

Rituais e rotinas são algo natural não só para nós monges, mas também para a maioria das pessoas, e fazem parte da vida. E isso nada tem a ver com o fato de uma pessoa pertencer a determinada religião ou fazer parte de uma igreja. Todos têm os seus rituais. Em alemão, quando alguém encena determinada situação, dá-lhe significado e a celebra usa-se a expressão: "Ele está transformando isso num ritual". Às vezes precisamos dessas encenações para entrar em contato com aquilo que é essencial na vida, para entrar em contato conosco mesmos. Também as nossas missas e nossas horas de oração são, de certo modo, uma encenação.

Mas também muitos eventos importantes da vida estão ligados a rituais: o nascimento, o casamento, o enterro. Eles são importantes para as pessoas religiosas e não religiosas, porque ajudam a dar uma forma a transições e novas fases na vida e também porque afirmam e celebram a vida como um todo. O propósito desses rituais é expressar tudo isso juntamente com as pessoas que ocupam um lugar importante na vida do indivíduo.

Desde o início os rituais fazem parte da vida humana. Já muito antes do surgimento do cristianismo os nossos antepassados celebravam rituais que honravam a natureza, porque sabiam: Nós vivemos da natureza e daquilo que ela nos dá, estamos inseridos em seu ciclo.

Neste livro pretendo sondar as vantagens e desvantagens de rituais e rotinas a partir do contexto beneditino. E quero encorajá-lo, querido leitor, a redescobrir antigos rituais, mas também a se despedir de coisas antiquadas. Além disso, preparei alguns exercícios que você poderá integrar em seu dia a dia como um ritual e anotei também algumas ideias que lhe permitirão procurar e desenvolver seus próprios rituais, adequados ao seu plano de vida.

Quero começar esclarecendo alguns princípios referentes a rituais, que podem servir como fio da meada, como pano de fundo para essas ideias. Depois, eu o acompanharei ao longo de um dia (monástico). As diversas etapas do dia podem ajudá-lo a refletir sobre sua própria prática de vida, sobre seu próprio dia a dia e a se perguntar: Por que vivo do jeito que vivo? Quais são os rituais que marcam a minha vida? Esses rituais e rotinas ainda estão em harmonia com a minha vida? Ou será que se esvaziaram? Preciso preenchê-los com um novo sentido? É preciso ter coragem para questionar a si mesmo dessa forma, mas isso também pode ser um caminho para entender-se e encontrar a si mesmo de forma completamente nova.

Isso sempre foi assim

Rituais existem desde que existem seres humanos. Eles parecem satisfazer uma necessidade humana profunda. Hoje, porém, muitas pessoas não veem mais nenhum sentido em rituais – principalmente nos rituais da Igreja cristã. Elas não entendem mais a sua linguagem ou não conseguem reconhecer suas necessidades neles. Muitas vezes, só participam de rituais porque sempre foi assim em sua família. Não conhecem outra coisa e, talvez, não sabem como celebrar eventos importantes de outra maneira. É possível, também, que a geração mais velha insista na continuação da tradição. Ao refletirmos sobre rituais atuais precisamos, portanto, perguntar primeiramente o que é um ritual, por que rituais foram inventados, qual é o seu sentido mais profundo e qual é a relação entre tradição e ritual. Trataremos dessas perguntas neste capítulo.

Paradas

Todos conhecem as placas que informam a localização de um ponto de ônibus, por exemplo. Até as crianças sabem que naquele local para o ônibus que as leva para o seu destino. Para chegar ao destino o ônibus precisa percorrer determinada distância. Mas cada passageiro sabe: aqui, neste ponto, para o ônibus que preciso pegar para chegar lá. Eu entro no ônibus e, confiante, permito que ele me leve.

Os rituais pretendem ser esse tipo de parada em nossa vida. Eles nos pegam no local em que estamos, do jeito que somos e nos sentimos. Podemos dizer que é possível embarcar no ritual em cada ponto de nossa vida. E todos os rituais têm o mesmo destino: levar-nos até nós mesmos.

Isso reflete uma necessidade que muitas pessoas sentem nos dias de hoje: encontrar a si mesmas e encontrar paz dentro de si. A despeito das muitas exigências do dia a dia, das expectativas próprias e dos outros, a despeito do estresse causado pelo trabalho... Muitos sentem a tensão entre as coisas práticas do dia a dia e sua necessidade espiritual. Percebem que seu lado espiritual está sendo negligenciado, que não têm tempo para cuidar dele em meio as preocupações diárias com a família e o trabalho, as obrigações que precisam cumprir... Conheço uma jovem família com dois filhos pequenos. O pai é músico na igreja. Após o nascimento do segundo filho, sua esposa voltou a trabalhar em sua profissão dos sonhos; mas isso exige que ela trabalhe também em determinadas noites e no fim de semana. Principalmente quando ela está de plantão no fim de semana e ele precisa estar na igreja, os desafios são grandes. Ainda bem que existem os avós que ajudam a cuidar das crianças. Esse tipo de condição estressante de trabalho e família faz com que muitos sintam: eu não estou mais comigo mesmo; minha sensação é de estar fora de mim mesmo, como se eu estivesse vivendo em modo automático. Ou: nem sei mais quem eu sou; ninguém parece se importar com as próprias necessidades. Em meio a essa insegurança emocional, em meio a esse caos do dia a dia do qual precisamos dar conta de alguma forma, pode ser útil – e até mesmo necessário para a sobrevivência – de vez em quando voltarmos para nós mesmos em busca de autoapoio e estabilidade, para que o caos não se alastre para o nosso interior, para que possamos nos distanciar um pouco de nossas atividades diárias e recuperar uma visão clara da situação.

Esse "voltar para si mesmo" não precisa exigir muito tempo. Muitas vezes, basta uma breve interrupção, por exemplo, entre o levantar-se e o despertar das crianças. Respirar fundo, voltar a atenção para si mesmo, sentir a força existente em você, para então poder continuar. Esse descanso (breve) no próprio centro ajuda a se distanciar do dia a dia e a relaxar. Há pessoas que chamam esse centro de "deus" ou de "divino". Não importa como você defina e compreenda esse centro: o importante é que se conscientize de que possui força, força vital. Muitas vezes, porém, essa força está soterrada; "escombros" (preocupações diárias, necessidades e expectativas) bloqueiam o caminho até ela. Em cada pessoa existem a vontade de viver e o anseio por uma vida que não consista apenas em trabalho, estresse e correria, que não seja determinada apenas por fatores externos, mas que possa ser vivida com autodeterminação e força própria, estabelecendo suas prioridades. Os rituais pretendem ajudar nesse desafio.

Como paradas, eles nos permitem pausar, eles nos retiram do dia a dia e nos ajudam a avançar no caminho que nos leva até o nosso próprio destino, o nosso próprio ser.

Voltando ao exemplo das paradas de ônibus. Esse tipo de transporte tem um itinerário específico, ou seja: se quisermos pegar o ônibus, precisamos estar no ponto quando ele passar. Uma das primeiras características dos rituais é que preferencialmente eles devam acontecer no mesmo horário; assim, podem ser integrados no dia a dia sem dificuldades. Eles apresentam uma estrutura clara e sua duração é predefinida. Como no caso do ônibus, sabemos quando alcançaremos o nosso destino e desembarcaremos no dia a dia.

Ciclos

Todos sabem que nosso sistema circulatório é de importância vital. Aterosclerose, um sangue grosso demais, um coração fraco, taxas de colesterol altas – tudo isso afeta nosso bem-estar, nossa saúde e também a nossa expectativa de vida. E também na natureza existe o ciclo constante de nascer e morrer, tão importante para a sobrevivência da vida na terra. Na Europa, esse ciclo está ligado às estações do ano. Tudo na natureza brota, cresce, floresce, amadurece e morre. A existência do ser humano depende daquilo que cresce na natureza ao longo das estações. Antigamente, esse ciclo era mais nítido e perceptível. Hoje em dia podemos comer frutas e legumes de todos os lugares do mundo durante o ano inteiro. Quando a maioria das pessoas ainda vivia daquilo que crescia em sua proximidade imediata, não sabia de sua dependência da natureza: clima, fertilidade do solo, plantas que ali cresciam, animais que eram caçados ou criados. Justamente por isso a natureza dava origem aos rituais. As pessoas respeitavam e veneravam a natureza porque sabiam que o ser humano vive dela e de suas dádivas. Por isso, era normal e necessário tratar os animais e as plantas de forma respeitosa. Os povos indígenas preservam essa consciência até hoje e só retiram da natureza aquilo de que necessitam para sobreviver. Eles agradecem por aquilo que tomam dela e a honram com rituais.

Um dos rituais mais conhecidos daquele tempo é o fogo de São João. Atualmente esse fogo é aceso em honra de São João Batista, cujo aniversário é celebrado anualmente pela Igreja em 24 de junho. Originalmente, essa festa celebrava o solstício de verão no dia 21 de junho. Nessa data o sol atinge seu ponto mais alto, tornando-se o dia mais longo do ano e propiciando que tudo floresça e amadureça. A natureza exala frescor, vida e abundância. Era e é a festa de agradecimento à natureza por suas dádivas.

Atualmente testemunhamos o renascimento das religiões naturais. As pessoas desejam experimentar a vida de uma forma genuína, e não distorcida. Para muitos, a Igreja se importa demais com dogmas, regras, regulamentos, poder e vaidades. Desde os primórdios, o ser humano se viu inserido no ciclo da natureza: ele também nasce, cresce e amadurece, floresce e morre. Então, seu corpo ou suas cinzas são devolvidos à terra; ele se transforma em pó, do qual surge vida nova. Essa consciência gerou rituais que celebravam as fases da vida do ser humano e que pediam a bênção e a proteção de Deus ou dos deuses: no início da vida, na transição para a idade adulta, na união com outro ser humano e, por fim, na devolução da vida à terra. A consciência de fazer parte de um grande ciclo e de ser um elemento num todo muito maior dava e ainda dá sentido à vida. Para muitas pessoas, ainda é importante realizar rituais nas transições da vida, reconhecer-se neles e experimentar também a bênção e a proteção de um poder maior para essas novas fases da vida. Por isso, encontramos esses rituais em quase todas as religiões do mundo, porque eles tornam tangíveis e compreensíveis uma postura da vida, uma experiência essencial do ser humano.

Ao mesmo tempo, porém, os seres humanos experimentaram a natureza também como algo agressivo e destrutivo – ainda hoje, vidas humanas são ameaçadas por catástrofes naturais, tempestades, enchentes, incêndios, vulcões. Por isso, os rituais eram também uma tentativa de apaziguar as forças selvagens e de conquistar a graça de Deus ou dos deuses através de sacrifícios, para que fossem poupados desses infortúnios e catástrofes. Mas essas forças agressivas e destruidoras da natureza refletiam também algo da natureza do ser humano – ele se reconhecia nelas, pois nele também existem forças selvagens, indomáveis, assustadoras e destrutivas: raiva, agressão, ira, ódio, ciúme. Em situações extremas, essas forças podem ter efeito catastrófico. Nesse sentido, os rituais pretendem ajudar a dominar essas forças, canalizá-las para que não sejam destrutivas; ajudam o ser humano a não ficar "fora de si" de raiva, por exemplo. Em casos assim, um ritual pode representar uma possibilidade de voltar para si mesmo, de se conscientizar e de recuperar os valores de respeito e dignidade.

A natureza foi, portanto, o primeiro motivo de os seres humanos realizarem rituais para encontrarem a paz dentro de si mesmos e a manterem contato com a força de tudo o que vive.

Os rituais mantêm corpo e alma unidos

Na Alemanha se costuma dizer: "Comer mantém corpo e alma unidos". O que se quer dizer com isso é que corpo e alma formam uma unidade. Quando a alma sofre, perdemos o apetite; quando o corpo está doente, nossa alma também se sente fraca. Da mesma forma, quando processos psiquicamente exaustivos são processados, eles precisam ser digeridos, literalmente. Graf Dürckheim, fundador da *terapia iniciática*, disse certa vez que após processos psíquicos intensos o ser humano deve comer bem, isso porque o processo gastou energia e também porque comer e beber ajudam a manter os pés no chão e a permanecer no corpo.

Algumas experiências da alma, desde o apaixonar-se até encontros com Deus, deixam-nos extasiados; passamos a ver tudo através de lentes cor-de-rosa, sentimos flutuar alguns metros acima do chão. Tais experiências podem liberar energias e ativar um novo prazer na vida, mas igualmente necessitamos voltar à realidade dos fatos. Nesse sentido, o corpo pode ser um bom instrumento para nos conectar com a terra, para sentir que permanecemos inseridos no ciclo da natureza, que não somos apenas seres espirituais, mas que também temos necessidades físicas. Teresa de Ávila afirmava: "Trate bem o seu corpo para que sua alma goste de viver nele".

A maioria das pessoas se pergunta, ao longo da vida, quem elas são. De um lado, essa pergunta nos remete à nossa família de origem. Conhecê-la nos ajuda a entender: eu pertenço a um grupo, não sou um ser individual; pertenço a uma família, meu lugar é esta terra. Isso nos leva a uma maior autocompreensão: quando sei quem eram meu pai e minha mãe consigo conviver melhor com alguns traços da minha personalidade.

Mas a pergunta "Quem sou eu?" não para por aí. "Quem sou eu, independentemente do meu salário, do meu desempenho? Qual é a minha missão nesta terra? Por que estou aqui? De onde venho? Para onde vou? Minha vida é mais do que as poucas décadas que passo neste planeta?" São perguntas pelo sentido da vida; elas remetem ao meu lugar no ciclo da vida e da natureza. "Consigo acreditar que vim para esta terra, que estou inserido no ciclo desta vida porque existe um sentido por trás disso?" Cada um precisa encontrar sua própria resposta a essa pergunta e seu próprio caminho para encontrá-la.

Às vezes conhecemos pessoas que nos passam a impressão de que ainda não se encontraram, que seu corpo e sua alma ainda não se uniram. Existem, por exemplo, pessoas que biologicamente já estão na metade e que passam a impressão de serem adolescentes, não a impressão de pessoas amadurecidas e adultas. Outras pessoas sempre têm ideias maravilhosas, mas não percebem que não são realistas, que seu imaginário não pode ser financiado nem executado. Em situações assim, os rituais podem ajudar a conscientizá-las: "Você é bem-vindo nesta terra, nesta vida; com corpo e alma". Podem ser rituais grandes nos pontos de transição da vida ou no fim de uma experiência intensa. Mas podem ser também rituais pequenos, diários, que nos permitem viver o aqui e agora de corpo e alma; uma xícara de café na manhã tomada em paz e sem pressa. Nisso posso sentir como desperto física e psiquicamente para enfrentar o dia com seus desafios e de modo consciente. Pode ser um banho quente que relaxa o corpo e transmite uma sensação de segurança para a alma. Mas também o beijo do cônjuge de manhã pode me dizer que sou aceito. Esse tipo de processo de percepção costuma acontecer inconscientemente. Muitos rituais desdobram seus efeitos sem que percebamos; não precisamos refletir sobre o significado de cada xícara de café ou de cada beijo. Sentimos e pensamos também com o nosso corpo e a nossa alma, e, muitas vezes, estes têm uma compreensão intuitiva.

Nesse sentido, os rituais nos dão essa permissão: eu vivo, posso e devo viver com corpo e alma. Cada visitante da Igreja de Santo Agostinho em Würzburg que entra pela porta principal é confrontado com a seguinte afirmação: "Quero que sejas". Essa afirmação é atribuída a Agostinho, colocada na boca de Deus. Agostinho quer nos lembrar que Deus chamou cada ser humano para a existência. Deus diz "sim" a cada ser humano e quer encorajá-lo a assumir a sua vida.

Mas isso também pode ser formulado como a acolhida de uma força que me afirma: "Seu nome é vida ou Deus". Alguns preferem não lhe dar nenhum nome porque ela é indescritível – indescritivelmente forte quando eles a experimentam: "Existe algo dentro de mim que é maior do que eu".

É permitido tocar!

Muitas vezes encontramos em museus uma placa que adverte: "Proibido tocar!" A obra de arte valiosa não pode ser exposta ao perigo de ser danificada ou destruída. A missão dos museus é tocar ou até mesmo provocar as pessoas com as suas obras de arte, mas não no sentido literal. Esse tipo de indicação reflete uma postura que, na minha opinião, pode ser aplicada a outras áreas da vida. Trata-se de preservar – e não de vivenciar – alguma coisa.

Às vezes, quando entramos num apartamento dizemos que ele se parece com um museu, uma relíquia. Percebemos que o morador "parou no tempo" em relação aos seus móveis. Inclusive ele mesmo parece um tanto antiquado, como se tivesse perdido a vivacidade e as emoções. Outras pessoas passam uma impressão antiquada porque seus gestos e sua postura enrijeceram, porque se controlam o tempo todo; parecem fantoches ou bonecas.

Certa vez o Papa João XXIII disse: "Não estamos na terra para vigiar um museu, mas para cuidar de um jardim cheio de vida e destinado para um futuro melhor". A terra não deve ser um lugar enrijecido, mas um lugar onde podemos entrar em contato uns com os outros e com nós mesmos. No entanto, só podemos nos encontrar se alguém nos encorajar a entrar em contato também com as nossas paixões, com as nossas emoções, as nossas intuições, com aquilo que nos entusiasma e motiva a afirmar: "Vale a pena viver para isso" "Isso faz sentido para mim".

Estamos acostumados a refletir e a controlar tudo com a nossa razão e a reprimir o que está relacionado a sentimento, paixão, emoção e intuição. Encontro muitas pessoas que se sentem amarradas, presas em si mesmas; estão bloqueadas e não vivem com toda a sua força e liberdade. Uma das razões disso é que elas percebem as convenções e expectativas sociais como amarras; vivenciam as expectativas como uma pressão que lhes impõe tarefas e funções que dominam seu dia a dia.

Certa vez, quando participei de um seminário, o palestrante disse: "Quando uma pessoa é 'um consolador', ela precisa consolar; quando é 'um músico', ela precisa fazer música; quando é 'um palhaço', ela precisa espalhar alegria". Com isso ele estava querendo dizer que uma pessoa que não vive seus carismas e talentos se transformará numa pessoa amargurada, porque sente que não está vivendo aquilo que é. Uma pessoa que sente em si o carisma de ser músico, ciente de que a existência de um músico não lhe dará segurança financeira, que não corresponderá às expectativas de seu ambiente, terá de encontrar um caminho de viver a sua música e de integrá-la em sua vida. Essa pessoa pode criar um ritual de fazer música todos os dias e tocar seu instrumento durante algumas horas. Isso a põe em contato com sua inspiração e leva à vivência de seu íntimo.

Outra razão pela qual as pessoas se sentem autoencarceradas é que elas nunca tiveram a oportunidade de entrar em contato consigo mesmas. Conheci um senhor que precisou assumir a empresa dos pais antes mesmo de alcançar a idade adulta. Ele não teve tempo de viver seu primeiro amor, de experimentar e vivenciar coisas diferentes a não ser o administrativo de uma empresa.

Na Bíblia Jesus encoraja as pessoas a romperem bloqueios e a viverem uma vida em liberdade. Quando algumas pessoas lhe trouxeram um paralítico numa maca, Ele lhe disse: "Levanta-te, toma a tua maca e vai para casa" (Mc 2,11). Jesus não quer que o ser humano permaneça preso em suas paralisias e em seus bloqueios. Talvez tenha sido o encorajamento claro e decidido de Jesus que despertou naquele homem a força para se levantar e se libertar de suas paralisias.

No seminário que mencionei anteriormente, o palestrante falou também do erotismo da vida. Erotismo, nesse sentido, significa entrar em contato com as coisas especiais da vida, com coisas que nos fazem sentir um "frio na barriga", que arrepiam a nossa pele, que podem ser sentidas no corpo. Isso significa que devemos vivenciar o nosso dia a dia não apenas como algo pesado e entediante; é preciso permitir que a vida nos contagie. A título de exemplo: na primavera, quando surgem os primeiros raios de sol, muitas pessoas saem de casa para vivenciarem a natureza, porque elas mesmas se sentem como a natureza que desperta para uma nova vida; a vida não quer nem precisa ser um museu empoeirado.

Recentemente conheci um homem com mais ou menos 80 anos de idade. Ele havia fundado uma empresa e se tornado líder mundial naquela área. Após uma doença séria, ele lutou e voltou para a vida. Ele veio para o nosso mosteiro para participar do "Curso Pintar como as Crianças" – esse curso não objetiva transmitir técnicas de pintura; pelo contrário: os participantes devem pintar sem regras, sem avaliações e julgamentos. Nessas ocasiões a mente pode bloquear, avaliar e censurar. Os participantes podiam se expressar através das mãos sem qualquer interferência mental, mas apenas sentindo e ouvindo sua voz interior para, assim, entrarem em contato com suas camadas intuitivas. Aquele homem descobriu uma alegria infantil dentro de si, uma leveza e uma tranquilidade jamais experimentas em sua vida marcada pelo trabalho e pelos compromissos.

Uma outra participante do curso pintou uma garota "atrevida", mas com uma coroa – uma pequena rainha. Em sua meia-idade aquela senhora pôde dizer "sim" àquele elemento ousado dentro de si mesma.

Cursos desse tipo são como rituais. Eles nos retiram do nosso dia a dia e repetem os mesmos processos com um objetivo específico. Os rituais querem que as pessoas entrem em contato consigo mesmas, que elas toquem a si mesmas e descubram plenamente sua humanidade.

Ano após ano

Rituais não tratam apenas do indivíduo, de suas "paradas" no meio do dia a dia. Eles são importantes também para famílias, grupos e comunidades. Cada família tem seus próprios rituais; por exemplo, no Natal. Muitas pessoas já não estabelecem mais um vínculo entre Natal e o nascimento de Jesus Cristo; para esses, o Natal é simplesmente a festa do amor, da paz e da família. Os preparativos começam muitos dias antes da data. E depois da festa, as pessoas me dizem: "Esse Natal acabou sendo tão estressante. Eu tinha decidido encarar tudo com mais calma e viver momentos de paz com a família, mas foi uma loucura". Se o restante do ano já é tão estressante, as pessoas querem que pelo menos o período de Natal seja mais calmo.

Para muitas outras pessoas essa festa é, ano após ano, um fator de estresse adicional, não uma "parada" para reabastecer e reencontrar suas forças no convívio com a família. Isso vale especialmente para aqueles que cultivam o relacionamento familiar. Ninguém pode ser esquecido. Há pessoas que necessitam de um "plano para o Natal", para que todos os membros da família sejam visitados e ninguém se sinta negligenciado. Semanas antes, planejam a ceia e as compras, e, finalmente, a festa se transforma em uma série de atividades estressantes: cozinhar e cuidar dos convidados. O que pode aumentar ainda mais o estresse é a expectativa de uma festa harmoniosa e cheia de paz. Alguns pensam: "Espero que o vovô não reclame do seu neto Max, que ainda não se formou na faculdade". Outros esperam que o tio e a tia parem de criticar sua sobrinha por praticar uma meditação budista, já que todos os membros da família sempre foram fiéis à Igreja Católica. Ou o sobrinho que, de repente, decidiu ser *gay* e insiste em trazer seu namorado para a ceia. Antigamente isso não existia! No fundo, todos só querem um Natal tranquilo e harmonioso.

Quando o estresse passa a dominar, processos e rituais que se repetem a cada ano tornam-se ainda mais importantes. Quando uma família define qual será a ceia no Natal, isso facilita os preparativos. Na Francônia, por exemplo, muitas famílias comem salada de batata com salsicha. Isso não dá muito trabalho, o preparo é rápido e não obriga ninguém a passar o dia inteiro na cozinha. E quando as atividades no Natal são claras, quando todos sabem quando acontecem as visitas aos parentes, não é necessário gastar muita energia para definir e organizar a mesma coisa a cada ano. Assim, todos os envolvidos sabem quando a família se reúne e acontecem os rituais em família.

Lembro-me como era o Natal na minha infância. Na véspera, depois do lanche da tarde, meu irmão e eu fazíamos cantávamos os hinos de Natal. Então recebíamos os presentes. Depois jantávamos e íamos à missa. Meus pais sempre insistiam que tocássemos uma música chamada *Alle Jahre wieder*, e muitas pessoas ainda acham que uma missa, uma devoção no Natal sem o canto *Noite Feliz* não é um Natal de verdade. E não adianta argumentar que, do ponto de vista teológico, a realidade do Natal não foi uma "Noite Feliz" e que é um cântico criado pela burguesia do romantismo tardio. Isso não importa. Esse cântico toca o coração das pessoas e desperta nelas um anseio por um convívio pacífico. As pessoas desejam a segurança e o aconchego da família, querem conviver em paz e harmonia.

E é justamente disso que tratam os rituais tão importantes para a família, seja no Natal ou em outros eventos. Eles ajudam a tomarmos consciência de nossa existência – como membro dessa família – e a nos sentirmos parte de uma linhagem geracional. Isso significa: essa família já existiu antes de mim e continuará a existir depois de mim. O ritual e essa inserção numa tradição me transmitem a certeza de que não estou sozinho neste mundo, fazendo jus a um aspecto de minha essência: a necessidade de viver em comunhão.

Quando o Natal e outros rituais se repetem a cada ano, isso não precisa ser um argumento contra a mesma sequência de atividades. Um exemplo: meu pai tem uma família grande. Ele cresceu numa fazenda. Quando minha tia ainda estava viva, o Natal sempre era, também, um encontro de todos os filhos e netos. Hoje, todos os netos já têm um cônjuge, há bisnetos, e mesmo que minha tia já tenha falecido, esse encontro continua a acontecer, porque ele é importante para todos os membros da família. Atualmente esse encontro não acontece mais no Natal, mas durante o Advento – mas naquela mesma fazenda onde uma neta da minha tia abriu um restaurante. Quando o tempo permite eu também participo do encontro. Isso suscita em mim um sentimento de lar e pertença. Foi nessa fazenda que eu brinquei como criança, que entrei em contato com a natureza e com os animais. Ainda hoje, o cheiro de feno fresco desperta em mim essa mesma sensação. E mesmo que eu veja meus primos de diversos graus apenas uma vez ao ano, sinto-me ligado a eles. Já que não tenho filhos próprios, sinto-me enriquecido quando vejo que essa família à qual eu pertenço continuará a crescer nas próximas gerações. E tenho consciência de que se eu precisasse de ajuda cada membro dessa família se prontificaria a fazê-lo. Muitos de meus primos e também os seus filhos voltam para o seu lugar de origem após se formarem porque querem estar próximos dos outros. Com isso, respondem a uma necessidade profunda de pertença e identidade. Eles sabem qual é o seu lugar, onde estão em casa – e assim voltam para si mesmos como membros dessa família.

Mas o "ano após ano" vale não só para o Natal e para as famílias. O mesmo vale para associações e grupos dos mais diversos tipos: clube de futebol, associação de canto, associação de moradores, bombeiros voluntários... Cada um desses grupos celebra ao longo do ano os rituais e as festas de seu próprio jeito – muitas vezes de forma muito tradicional, e isso também é uma expressão de pertença.

Os rituais no mundo do futebol conectam os torcedores entre si e com seu time. Fazem parte disso o hino e a camisa do time. Para muitos torcedores já se tornou um ritual vestir a camisa do seu time e se dirigir ao local do jogo – não importa onde ele seja realizado. Grandes eventos esportivos como a Copa do Mundo reúnem e conectam as pessoas. Vemos e vivenciamos o entusiasmo com que pessoas celebram nas ruas e se abraçam, apesar de nem se conhecerem. Muitos sofrem e torcem com eles. Assim, estranhos formam uma comunidade, na qual todos se integram.

Rituais em comunidades, famílias, associações e grupos oferecem também a oportunidade de expressar sentimentos comuns e até de processar eventos difíceis.

Há pessoas que têm dificuldades de permitir e mostrar sentimentos. Por isso, um ritual em grupo é uma boa oportunidade de fazer isso com outros e não se sentirem isoladas. O futebol é um exemplo. Outro exemplo são os *shows*; neles, pessoas que não se conhecem também se encontram, compartilhando seu entusiasmo pela banda que estão ouvindo; elas acompanham as músicas cantando com a banda; acendem isqueiros quando a música é sentimental ou se balançam lentamente de um lado para o outro ao ritmo da música quando a melodia é mais contemplativa. Para muitos, assistir ao espetáculo de um astro é algo parecido com um ritual, uma experiência que fortalece a alma.

Penso também em rituais de luto. Como conselheiro, muitas vezes vivencio isso em famílias que encontro em "situações emergenciais". Quando ocorre uma morte repentina, é bom quando a família, após o primeiro choque, pode se acalmar, respirar fundo, chorar e saber: temos um conselheiro espiritual que nos ajuda a atravessar essa situação. E eu, como conselheiro, posso recorrer a rituais e orações que já demonstraram sua eficácia e que oferecem certo apoio à família enlutada.

Percebo isso claramente quando um confrade morre em nosso mosteiro. Rituais quase milenares abrem espaços na comunidade, nos quais podemos expressar sentimentos e nos despedir. Quando um confrade falece, ele é levado até a *sala do capítulo* e velado em caixão aberto – muitas vezes, ainda seguinte à sua morte. A sala do capítulo é o espaço no qual que esse confrade foi oficialmente recebido e acolhido como membro da comunidade, passando a vestir o hábito. E é também nesse local que a comunidade se despede dele. Ao ser exposto, já sem vida, à comunidade, nós podemos fazer o rito de sua morte.

O ritual da despedida começa com um silêncio prolongado. Depois cantamos juntos lamentações bíblicas. Elas nos permitem expressar nosso luto como comunidade. Em seguida, o corpo é transferido para a capela fúnebre. Aqui, cada monge pode lhe dar uma última bênção, agradecer ou simplesmente se curvar em silêncio diante dele. Até o dia do enterro a capela permanece aberta e os confrades entram e saem para rezar pelo falecido ou para expressar o seu luto. No dia do enterro ocorre uma vigília: dois confrades permanecem ao lado do caixão e são revezados a cada hora até a missa. Então o confrade é levado pela última vez à igreja da abadia – lugar onde ele rezou durante toda a sua vida. Uma procissão até o cemitério e o enterro encerram a celebração da despedida. Até hoje, o falecido é enterrado voltado para o Oriente. O sol que nasce no Oriente é símbolo do Cristo ressurrecto. O confrade creu nele, e Ele o ressuscitará para a vida eterna – essa é a sua esperança.

Como já mencionamos, esse tipo de ritual oferece apoio a muitas pessoas e lhes transmite a sensação de pertencer a uma comunidade. Quando os mesmos processos são preservados ao longo de vários anos e, talvez, até de várias gerações, forma-se uma tradição que se repete sempre da mesma forma e que é transmitida de geração em geração. Principalmente em grupos religiosos, essa manutenção da tradição é especialmente forte.

Uma tradição em si mesma não é ruim; muito pelo contrário. Porém, ela é questionável quando se reduz a uma mera formalidade, tendo seu conteúdo desprovido de qualquer sentido para as pessoas que a praticam; quando apenas o fazem porque era costume da geração anterior, mas sem que qualquer um dos participantes saiba quais foram as circunstâncias de sua formação e qual era o seu sentido original. Muitas vezes percebemos que certas tradições são vazias, não possuindo qualquer vínculo com a vida concreta; ela deixa de ser uma expressão adequada da experiência.

Quando isso acontece as pessoas pedem reformas, renovação e atualização do conteúdo do ritual.

Por que é importante dizer "Amém"?

Ainda hoje a Igreja oferece muitos rituais e tradições. Seja a missa no domingo, seja por ocasião do nascimento, casamento e morte. É justamente nessas situações de transição na vida que as pessoas precisam de atenção, bênção, proteção, consolo e esperança. E é por isso que elas também desejam um ritual religioso no qual possam se reconhecer. No contexto religioso conhecemos a prática de dizer "Amém". Como última palavra de suas orações, a assembleia reunida usa essa palavra para reafirmar o pedido ou a bênção. Dizer "Amém" significa dizer "Sim". Traduzida literalmente, a palavra significa "Assim seja". A língua alemã conhece a expressão "dizer sim e amém a tudo". Ela designa uma pessoa que aceita e confirma tudo sem qualquer crítica ou questionamento. E é justamente essa a impressão que muitos têm quando participam de celebrações na Igreja: o "Amém" não "convence mais", porque é dito sempre nos mesmos momentos e geralmente de forma mecânica. Mas o "Amém" deveria vir do fundo do coração e ser uma expressão daquilo que os fiéis sentem: sua fé viva celebrada e praticada em conjunto.

Jesus queria a mesma coisa; que a vida das pessoas reestabelecesse o contato com aquele que Ele chamava de Deus e Pai e em quem ele acreditava. Ele queria mostrar que esse Deus quer se envolver na vida das pessoas, que Ele se importa com suas preocupações, seus medos, suas perguntas e seus anseios. Que esse Deus se interessa pelo ser humano e sua vida.

A prática religiosa de seu tempo, porém, passava a impressão de que a única coisa que importava era a preservação do sistema de poder religioso, que alegava ser representante de Deus. Havia uma enorme necessidade de reformas. Em muitos pontos, a mensagem verdadeira da fé estava soterrada e não era mais comunicada às pessoas pelos sacerdotes, ou de uma forma que nada mais tinha a ver com o cotidiano das pessoas.

Os sacerdotes e escribas reclamavam para si o direito exclusivo de interpretar as Escrituras Sagradas e de definir como um judeu deveria viver. Eles apelavam aos Dez Mandamentos, à lei fundamental do povo judeu. Depois das regras para a santificação do nome de Deus e do sábado seguem-se as leis relacionadas ao convívio humano e que todos nós já ouvimos em algum momento: devemos honrar pai e mãe, não devemos matar, não devemos cometer adultério, não devemos furtar, mentir ou cobiçar os bens do nosso próximo (cf. Ex 20,1-17).

Ao longo da história do povo de Israel os escribas interpretaram esses Dez Mandamentos e os aprimoraram. Era, por exemplo, necessário aplicar o mandamento da santificação do sábado a situações concretas. É proibido realizar qualquer tipo de trabalho no sábado? Até hoje existem grupos judeus que se recusam a dar um único passo no sábado ou a ligar qualquer interruptor. Originalmente, essas regulamentações pretendiam aliviar a vida do ser humano, protegê-lo e lhe garantir momentos de descanso, conceder-lhe direitos e também impor-lhe algumas obrigações.

Ao longo do tempo, porém, essas interpretações se tornaram tão detalhadas, que os mandamentos passaram a ser percebidos como uma prisão, como algo que transformava a vida num ritual sem conteúdo. Assim, a religião se transformou em restrição e deixou de ser uma libertação para a vida. Não era permitido questioná-la. Talvez, porque ninguém sabia mais por que algo tinha sido regulamentado daquela forma. Conhecemos isso também em nossa vida. Quando questionamos ritos e costumes ouvimos a resposta: "Isso sempre foi assim" ou "É assim que fazemos, e ponto-final". Ninguém consegue nos explicar qual era o significado original daquilo, qual era o sentido do costume ou do ritual no passado. Mas todos devem segui-lo. Muitas vezes, aquilo que "sempre foi assim" é definido como tradição. "Essa é uma tradição nossa" significa: "Isso sempre foi assim". Não é um bom argumento para preservar uma tradição.

Jesus não se importou com a preservação de tradições como fim em si mesmo. Ele questionou radicalmente as práticas existentes, e isso se transformou em problema para Ele. A mais famosa deve ter sido sua crítica em relação ao dia de sábado: "O sábado foi feito para as pessoas, e não as pessoas para o sábado" (Mc 2,27). O sábado deve servir ao ser humano e à sua vida, ele existe para seu descanso e sua recuperação. Por isso, Jesus curou no sábado – apesar de isso ter sido proibido pela interpretação da lei – porque Ele queria devolver a vida às pessoas, suspender restrições e limitações (cf. Lc 13,10-17). Ele acusava os mestres religiosos de seu tempo de impor fardos e regras cada vez mais pesados às pessoas, ao invés de curá-las, enquanto eles mesmos não mexiam um dedo para assumir esses mesmos fardos e responsabilidades (cf. Mt 23,4). Jesus, porém, se interessava sempre pelo indivíduo; Ele se preocupava com as dificuldades que as pessoas enfrentavam e lhes oferecia ajuda concreta. Assim, ele tentava devolver o sentido original às regras e aos rituais religiosos.

O ritual que Jesus sempre cultivou e praticou foi a ceia. Cear, comer e beber com os outros é, ainda hoje, um dos rituais que geram comunhão e que nos permitem desfrutar da vida através de comida e bebida. Como Filho de Deus, Jesus convida à sua mesa justamente aqueles que foram marginalizados e excluídos pela sociedade. Zaqueu, por exemplo, que, como coletor de impostos, tinha a fama de roubar dinheiro do povo, e por isso era odiado e excluído (cf. Lc 19,1-10). Jesus faz uso da ceia como ritual de reintegração; o excluído volta a se tornar membro da sociedade, experimentando esta afirmação divina: "Eu quero que sejas e que vivas". Em sua última ceia, Jesus vinculou os atos de comer e beber à sua morte e ressurreição. Ao partir o pão, Ele disse: "Isto é o meu corpo" e, ao beber o vinho, ele disse: "Isto é o meu sangue". Em aramaico – a língua de Jesus – isso significa: "Este sou eu – com todo o meu amor por vocês e sua vida". Jesus instruiu seus amigos a celebrarem essa ceia regularmente. Em memória dele, de sua morte e ressurreição. Como lembrança de que a força de vida de Deus é mais forte do que a morte. A partir disso, desenvolveu-se o Rito da Eucaristia, a Santa Ceia na Igreja.

Hoje, por exemplo, quando as pessoas participam de rituais na igreja (sacramentos), do batismo, da crisma e do matrimônio, estão à procura de uma bênção para a sua vida ou para uma nova fase dela. Elas esperam receber encorajamento na forma de um fortalecimento através daquele que nos cristãos chamamos de Deus. Muitas delas preferem falar de um "poder superior" ou do "divino". Sentem que existe algo maior do que elas, mas não têm um nome para designá-lo. Muitas vezes, elas se definem como religiosas, mas ainda reconhecem nos rituais da Igreja algo que expressa seu anseio por "algo maior" em sua vida.

Talvez seja por essa razão que muitos querem acrescentar algum elemento individual aos batizados e casamentos – mesmo que seja apenas uma canção moderna que não faça parte do hinário oficial da igreja, mas que expressa exatamente o que o ritual significa para eles. Muitas vezes, para essas celebrações, escolhem um padre com quem se identificam e que de alguma maneira toca a vida das pessoas, não executando o ritual como mera formalidade. Mas é justamente por isso que outros optam por "alternativas seculares" nas transições de sua vida, porque têm a impressão de que a Igreja perdeu o contato com a vida das pessoas – seja em sua linguagem, que, muitas vezes é teológica e simplesmente incompreensível, seja em seus rituais, muitas vezes vistos como antiquados e vazios. O beneditino Martin Wehrlen afirma em seu livro *Zu spät* (Tarde demais) que, no fundo, a Igreja possui uma mensagem maravilhosa: a "vida em abundância". Wehrlen acredita que todos querem isso. Mas "a maioria não acredita que a Igreja possa ajudar na procura por essa vida". Por isso, ele nos encoraja a redescobrirmos na Igreja as brasas sob as cinzas (p. 42). As brasas representam para ele a mensagem original, a mensagem de Jesus, o encorajamento para a vida e sua afirmação. Ao longo dos séculos, porém, essa mensagem original e viva de Jesus foi soterrada; a Igreja foi acrescentando a ela um número cada vez maior de regras e tradições a serem observadas pelos fiéis. Muitos já não conseguem respirar dentro desses limites estreitos impostos pela tradição, não sentem mais a liberdade contida na mensagem de Jesus. Podemos dizer que os rituais também se tornaram vítimas dessas regras.

Um exemplo: quem se interessa pela discussão da Igreja Católica sobre quem pode Comungar na missa? Quando os bispos discutiram calorosamente essa questão na primavera de 2018, passaram a impressão de que se interessavam apenas pela autopreservação. As pessoas afetadas por esse debate – divorciadas em segundo casamento ou com cônjuges evangélicos –, e para as quais o Sacramento da Eucaristia é importantíssimo, há muito se decidiram, com base em sua consciência, e querem ser levadas a sério. Aos olhos daqueles que não são afetados por essa discussão, a Igreja perde ainda mais sua credibilidade, pois confirma a opinião de que ela discute problemas irrelevantes à vida dos fiéis. A "loucura" nisso tudo é que, no fundo, a Igreja tem uma resposta para esse anseio! Um especialista em *marketing*, falando sobre a Igreja, disse: "O seu conteúdo é bom, mas a embalagem é ruim".

O fio da meada

O monasticismo beneditino vive intensamente *de* e *com* rituais. Ele se orienta pela Regra de São Bento, redigida por este no século V. Segundo ela, o dia a dia do monge está sujeito a muitas regras e rituais: a forma e a frequência às orações, a execução do trabalho, as refeições, o convívio mútuo dos monges.

Quando estudei a Regra pela primeira vez, fiquei surpreso com a seguinte pergunta na introdução: "Quem é o homem que ama a vida?" Bento afirma: "Se você responder à pergunta com um "Eu" deverá entrar para o mosteiro". Ou seja, o monge é um amante da vida. Todos os rituais e regras anotados por Bento devem incentivar a vida e a vivacidade do ser humano. A Regra deve existir para o monge, e não o monge para a Regra.

Quando conheci os primeiros monges, antes de me tornar um deles, fiquei fascinado e impressionado com a vivacidade, a alegria e a energia de vida que transmitiam. Isso me fez pensar: a vida como monge que eles escolheram e sua forma de viver a fé lhes permite estabelecer um contato profundo com Deus e consigo mesmos; caso contrário, não seriam tão vigorosos e alegres. Fiquei tão impressionado com isso que decidi me tornar monge.

A seguir abordarei alguns aspectos que se orientam pela Regra de São Bento para apontar o fio da meada que atravessa a minha vida como monge, que a torna, com seus rituais e regras, tão preciosa.

A alma sabe

Como jovem ou estudante eu jamais cogitei a possibilidade de me tornar monge, muito menos um beneditino. Eu já pensara em me tornar franciscano. A Ordem Franciscana parecia oferecer uma vida com muitas liberdades, uma vida que não era dominada por tantas regras. Durante a faculdade, fiz uma visita ao Mosteiro de Münsterschwarzach e pensei: Se eu entrar para uma ordem religiosa, certamente não será aqui em Münsterschwarzach. O terreno, a igreja do mosteiro, a comunidade... tudo era grande demais para mim. Porém, anos depois, retornei, passando algumas semanas no mosteiro, foi quando surgiu repentinamente uma frase em mim: O caminho do monge é a continuação da minha peregrinação.

Em 1999/2000 percorri o Caminho de Santiago de Compostela. Durante essa peregrinação experimentei grande tranquilidade e confiança em Deus, numa medida desconhecida até então. Quando entrei para a Ordem Beneditina eu não sabia que tudo aquilo já se encontrava na Regra de São Bento: o coração amplo e aberto é o objetivo do monge. E isso é tudo que os rituais beneditinos pretendem alcançar: abrir o coração para a grandeza da vida, para os milagres da criação e da presença de Deus. Serenidade significa entregar-se à vida e confiar-se a ela. Não existe um só dia em que não haja alguma surpresa, boa ou ruim, grande ou pequena. Eu posso me entregar e me confiar a tudo que a vida me traz. E nessa confiança eu sinto: tudo está bem assim; a minha vida não poderia ter se desenvolvido de forma melhor. E foi justamente isso que cresceu dentro de mim ao longo de todos esses anos.

Hoje eu sei: quando entrei na ordem, alguma coisa dentro de mim, em minha alma, conseguiu reconhecer por que esse caminho é tão certo e importante, mesmo que o "livre-pensador" tenha e tem se rebelado de vez em quando. Mas para o na profundidade, para o crescimento até o fundo divino, tudo ocorre exatamente como deveria. E estou convencido de que minha alma sabia que as regras vividas aqui são corretas para mim, mesmo que jamais as tivesse escolhido para a minha vida. Ou seja, quando rituais me atraem, nem sempre preciso saber e analisar exatamente por que isso acontece. Posso confiar que minha alma sabe! Também posso confiar nos rituais, que provocam um eco em minha alma, que tocam algo dentro de mim e que causam algum movimento. Não preciso questioná-los, mas posso realizá-los cheio de confiança.

E isso não vale apenas para a vida no mosteiro. Olhe para a sua biografia e reflita: Quais das suas decisões foram "decisões da alma", que sabia mais do que você? Em que momento você simplesmente confiou? Quais das atividades diárias você percebe como boas e fortalecedoras, sem saber exatamente por que as percebe assim?

Ter confiança talvez significa simplesmente permitir que a "vida aja", entregando-se corajosamente àquilo que está por vir.

Abra os ouvidos!

Precisamos de confiança também para ouvir. Assim começa a Regra de São Bento: "Escuta, filho, os preceitos do mestre e inclina o ouvido do teu coração; recebe de boa vontade e executa eficazmente o conselho de um bom pai". O decisivo para Bento é sempre a vontade de Deus. Jamais a vontade própria – aquilo que hoje chamamos de ego – deve dominar. A vontade de Deus se revela na Bíblia, mas também nos atos do abade. Sendo o líder do mosteiro, o abade é, segundo Bento, aquele que ali representa o posicionamento de Cristo. Por isso, nós monges, devemos obediência a ele, como se obedecêssemos ao próprio Cristo. Mas também o abade corre o perigo de obedecer mais ao seu ego do que à vontade de Deus. Ele também precisa escutar bem e prestar atenção para discernir quais pensamentos vêm do ego e quais vêm de Deus – nem toda palavra e pensamento vêm diretamente de Cristo.

Ainda hoje os monges fazem o voto de obediência. Mas ela é compreendida de forma diferente do que no tempo de Bento. Hoje é igualmente importante que ouçamos o nosso interior, a direção na qual a alma nos quer levar. E é nisso que o abade procura nos apoiar. Em alguns casos pode acontecer que ele, como a nossa alma, saiba mais do que nós mesmos. Então nos entregamos à sua decisão. Na maioria dos casos, porém, basta ouvir o nosso íntimo para perceber a voz de Deus na própria alma, no próprio corpo, no próprio espírito. Ouvir a voz de Deus dentro de mim também significa perceber as minhas necessidades: Para onde a minha alma quer me levar? Quais são as necessidades do meu corpo? Que atenção devo dar ao meu espírito? E como posso satisfazer essas necessidades?

Esse também é um ponto que não se aplica apenas às pessoas que vivem no mosteiro. Muitas têm dificuldade de ouvirem a própria voz, de permitirem o silêncio para estarem atentas àquilo que vem de seu interior. Esse poderia ser um primeiro passo para perceberem as próprias necessidades: em vez de ouvirem as muitas vozes que se manifestam à sua volta ao longo do dia – sejam elas de jornalistas, vizinhos, colegas ou as opiniões nas redes sociais –, seria mais proveitoso prestarem atenção à própria voz, que, com frequência e de forma bastante clara, pode lhes dizer o que realmente querem.

Sempre especial

Nós beneditinos temos o ritual de permanecer calados durante a refeição enquanto um confrade faz uma leitura em voz alta. Visto que o treinamento do monge inclui o estudo intensivo da Regra de São Bento e para que nós a decoremos palavra por palavra, essa leitura durante o jantar sempre começa com uma passagem da Regra. Essas passagens são definidas para cada dia. Ao longo do ano, alguns de seus versos e pensamentos se tornam especialmente preciosos para o monge. Uma dessas passagens de valor especial para mim é aquela na qual Bento fala sobre o celeireiro: administrador do mosteiro e responsável pelos assuntos financeiros. Em sua Regra, Bento escreve: "Veja todos os objetos do mosteiro e demais utensílios como vasos sagrados do altar" (RB 31,10). Vasos sagrados do altar são, para Bento, os utensílios usados no altar durante a celebração da missa: o cálice (com o vinho) e a âmbula (com as hóstias). Visto que o ato que envolve esses utensílios é sagrado, os próprios utensílios são sagrados e devem ser manuseados com atenção especial. Na missa ocorre a transubstanciação: o padre oferece o pão e o vinho a Deus, e Ele os transforma em corpo e sangue de Cristo. Transubstanciação e transformação não são iguais à mudança. Mudança representa um esforço, um ato do ser humano. Transformação, porém, ocorre quando o ser humano não participa dela. E assim como o pão e o vinho se transformam, transforma-se também a visão que o ser humano tem de seu dia a dia.

Certa vez estávamos discutindo sobre a necessidade da celebração diária da Eucaristia. Um confrade disse que não gostaria de abrir mão desse mistério da transformação diária. Com o pão e o vinho nós também nos oferecemos no altar para que também sejamos transformados: nossas preocupações em esperança, nosso medo em alegria, nossa doença em cura; enfim, em uma nova visão do dia a dia e da realidade.

E é justamente por isso que devemos manusear também os utensílios com todo cuidado: porque Deus está presente em tudo e em todos. Isso santifica cada momento, cada suspiro. Tudo está cheio de Deus. A vida e cada dia são um presente enorme que recebemos! Como é valioso nos conscientizarmos disso diariamente!

Os rituais ressaltam exatamente isso: o aspecto especial do dia a dia. E eles nos ajudam a (re)descobrir o que há de especial em nosso cotidiano, nos lembram disso no meio da correria do dia a dia, interrompem nossa atividade cotidiana para nos conscientizar disso. Tais interrupções são os horários de oração que observamos ao longo do dia. Os rituais aumentam nossa consciência para isso. Há alguns anos existe na Alemanha uma marca chamada Rituals que vende produtos de higiene. Ela afirma que, com os seus produtos, banho e outras atividades relacionadas ao cuidado do corpo se transformam em rituais – em pequenas festas. Poderíamos acrescentar: ao realizar um ritual, tome um banho na vida pura – no ser puro. Cada momento é sagrado e precioso, pois também pode ser o último. Com essa nova visão transformada, cada momento cotidiano pode se tornar precioso: o momento em que realizo tarefas comuns, exerço minha profissão ou dou atenção à minha família e aos meus amigos.

Ora et labora

Muitas pessoas acreditam que a expressão *Ora et labora* (Ore e trabalhe) é o lema dos beneditinos, mesmo que São Bento nunca a tenha escrito dessa forma e ela não se encontre em sua Regra. Mas ela expressa a essência da nossa vida; rezar e trabalhar são as duas colunas principais de nossa comunidade. Nosso dia a dia e nosso trabalho são interrompidos pela oração várias vezes ao longo do dia. A oração regular leva o monge de volta à presença de Deus – e assim o ajuda a se concentrar no essencial, no ser e no estar diante de Deus. Mas isso também significa que esse ser basta. Não preciso provar nada para poder estar aqui, e ambas as coisas fazem parte do todo da vida: a oração – o ócio, o puro ser, a interrupção, o intervalo – e o trabalho. Apenas se houver um equilíbrio entre os dois o monge também pode estar equilibrado. Isso evita um pensamento de desempenho; ou seja, o monge não deve se definir através de seu trabalho, mas a oração deve estar presente no trabalho. Em outras palavras: o trabalho deve ser feito conscientemente na presença de Deus – o trabalho como ritual.

Ainda hoje os trabalhos manuais são altamente valorizados nas abadias e nos mosteiros, mesmo que um número cada vez menor de monges exerça um trabalho manual. Quando, por exemplo, um marceneiro produz uma peça na marcenaria do mosteiro, essa peça tem um significado completamente diferente do que uma peça produzida em massa. O artesão está ciente de que suas habilidades são uma dádiva de Deus. Quando produz algo criativo ou útil ele o faz para a glória de Deus. São Bento diz em sua Regra: "[...] para que em tudo seja Deus glorificado" (RB 57,9). Assim, o trabalho não é, em primeiro lugar uma obrigação, mas uma atividade criativa e um emprego dos dons e dos talentos que recebemos. E isso vale para todo e qualquer trabalho feito no mosteiro; seja nas oficinas, na administração, na casa dos hóspedes, na cozinha.

Não tenho garantia alguma de poder "criar" algo a cada dia, de acordar com saúde a cada manhã, de ter as ideias certas para realizar um projeto. Conheço um confrade que não só entendia seu trabalho, sua profissão como oração, no sentido descrito acima, mas que também orava durante o trabalho. Antigamente, todos os monges faziam isso. Eles conheciam os Salmos de cor e os recitavam, mesmo que apenas em silêncio, durante o seu trabalho. Nessa oração, incluíam também as pessoas para as quais trabalhavam, e entendiam toda sua atividade, todo seu trabalho, como um ritual – para a glória de Deus e para a alegria dos homens. Num versículo maravilhoso o Apóstolo Paulo escreve que ele não deseja dominar a fé dos homens, mas contribuir para a sua alegria (cf. 2Cor 1,24).

Para o monge, o trabalho não é, em primeiro lugar, algo que precisa ser feito para ganhar dinheiro ou sustento, mas uma atividade para gerar alegria nos outros e em si mesmo. Assim, o trabalho deixa de ser algo que cansa o ser humano e passa a ser uma força que recarrega as "baterias" e nos dá energia.

Mas também nós monges podemos ficar estressados com o trabalho porque assumimos uma carga pesada demais. Quando isso acontece, também perdemos a alegria no trabalho; perdemos o nosso centro. Por isso, é importante cultivar os nossos rituais, os horários de oração, que interrompem o nosso dia e o estresse no trabalho e nos ajudam a voltar para nós mesmos e para a presença de Deus.

Essa é uma postura que pode ser útil também para pessoas que não vivem no mosteiro. A interrupção nos permite voltar para o nosso centro, até mesmo em meio à maior correria, mesmo quando parece não haver tempo para isso. A interrupção ajuda a realinhar as prioridades, a ver as coisas sob outra perspectiva e permite que soluções se apresentem a nós.

O ritmo define a música

O lema *Ora et labora*, atribuído aos beneditinos, deve-se, com certeza, também ao fato de que o nosso dia a dia é totalmente regulamentado – ele é dividido em períodos de oração (*ora*) e de trabalho (*labora*). Cada abadia, cada mosteiro possui o seu ritmo, seus horários. Quando muitos monges convivem num mosteiro (como é o caso de Münsterschwarzach), essa ordem é sempre um compromisso, uma tentativa de fazer jus às necessidades de todos. É claro que alguns prefeririam acordar mais tarde; e outros, mais cedo (nós iniciamos o nosso dia às 5h com a primeira oração, às 4:30h somos acordados). Mas ao longo desses muitos anos que estou no mosteiro percebi que faz bem manter esse ritmo diário. Foi uma grande descoberta para mim quando percebi que, quando podíamos dormir mais em determinados dias durante o noviciado, eu me sentia mais cansado durante o dia do que quando mantinha o ritmo, mesmo se deitasse mais tarde. As pessoas sempre me perguntam se não é difícil acordar tão cedo. Confesso que, no verão, isso é mais fácil do que no inverno. Mas em determinado momento eu simplesmente aceitei essa vida na comunidade porque percebi que ela me faz bem, mesmo que represente um desafio para mim. Ela também me forma; ou seja, o ritmo externo de interação entre oração e trabalho forma a minha alma, a minha figura interior. Nós monges temos uma afirmação muito importante: "Guarde a regra, e a regra guardará você". Por trás disso está a experiência de uma interação entre o interior e o exterior.

Quais elementos em seu dia a dia se repetem; quais elementos fazem parte da regra de sua vida e do seu dia a dia? Pode ser um esporte, o passeio com o cachorro, a limpeza do apartamento ou o pequeno intervalo no trabalho. Perceba ao praticar esses rituais que eles fazem bem, ajudam a esclarecer sua mente, dão um apoio interior e o ajudam a se reorientar.

Agora é pra valer!

A Regra de São Bento instrui para uma vida muito uniforme no ritmo de oração e trabalho. Às vezes, um ritmo tão regular é um desafio. Existem manhãs em que, quando o sino chama para a oração, o monge vai à oração com alegria e prazer. Às vezes, é um mero cumprimento de dever, a execução de um estilo de vida prometido no passado. Mas esse tipo de ordem oferece estabilidade, dá ordenação à alma. Quando vou à oração várias vezes ao longo do dia e me ofereço a Deus do jeito que sou naquele momento, isso se transforma em uma âncora segura e constante dentro de mim, em um conhecimento sólido na minha alma, no qual eu posso me segurar. Deus é minha âncora, Ele é a minha fonte de energia, Ele está aqui e me sustenta.

Quando acordo de mau humor e sem vontade – porque não dormi o suficiente ou porque tive um pesadelo, ou porque o dia anterior ainda ocupa minha mente – a oração matinal, que eu rezo porque sempre o faço, pode esclarecer meu humor e ter um efeito positivo sobre mim. Ela impõe ordem, porque me ajuda a voltar para o meu centro; ela concentra meu olhar naquilo que é essencial.

Esse novo dia não gira em torno do meu mau humor, da minha falta de sono, da minha depressão, mas em torno daquilo ou daquele que é minha âncora interior e que eu chamo de Deus, que me oferece apoio em todas as imprevisibilidades da vida. Meu mau humor pode existir, e posso também investigar sua causa, mas ele passa a ocupar seu devido lugar. Eu o percebo, mas eu não sou ele, eu não permito que ele me determine.

Essa interação entre o interior e o exterior se aplica a toda a ordem e regulamentação do dia que Bento deu aos seus monges. Em seu tempo, o mundo era tão caótico quanto hoje. Caótico, porque estruturas antigas estavam se dissolvendo e novas ainda não existiam. Naquele tempo, Bento pretendia criar uma ordem que oferecesse apoio e estabilidade, tanto interior quanto exterior.

Quando tenho dificuldades de definir prioridades ou de dar conta do trabalho, a distância, a interrupção, a oração me ajudam a criar uma ordem pela qual posso me orientar. Quando o chão começa a tremer sob meus pés porque alguém morreu, porque um confrade saiu da Ordem, porque aconteceu alguma coisa que me abala, a ordenação do dia é algo que me dá segurança. Quando estou diante de uma nova fase da vida, diante de uma nova tarefa, essa ordenação é algo que permanece e que me dá sustento.

Em nossa casa de hóspedes encontro muitas pessoas cuja vida foi abalada e que perderam todo seu apoio. Elas vêm para o nosso mosteiro em busca de orientação e ajuda, e vivenciam a nossa ordem também como uma estrutura que lhes dá apoio, que lhes transmite uma sensação de estabilidade. Um exemplo: certo hóspede acabara de ficar viúvo. De um momento para o outro sua vida tinha virado de ponta cabeça. Ele se retraiu, interrompeu todos os seus contatos, não sabia mais como sua vida continuaria. Então veio passar alguns dias em nosso mosteiro para conviver conosco. Rapidamente percebeu que um dia estruturado é importante não só para nós monges, mas poderia lhe oferecer apoio também em sua casa. O ritmo de trabalho e oração, de atividade e interrupção, ajudou-lhe a assumir uma postura ativa: um passeio, um encontro com amigos, uma ida ao supermercado. Ele conseguiu sair do seu "esconderijo" e aos poucos pôde redescobrir que, apesar de diferente, a vida continuava sendo algo lindo; na natureza, por exemplo, uma flor que gera alegria nele. Mas para isso precisava de um plano para o dia: quando levantar, quando tomar as refeições, quando fazer uma caminhada, quando ir as compras, quando descansar? Quanto mais aplicarmos esse plano no dia a dia, mais se formará uma estabilidade em nosso interior. Esse tipo de plano para o dia a dia ajuda também a evitar o pânico que, às vezes, sentimos ao amanhecer por causa dos inúmeros compromissos e trabalhos à nossa frente. Mas quando nos sentamos e separamos as coisas importantes das coisas secundárias e definimos o que será feito em que momento, o caos se acalma e a sensação de "Eu não dou conta!" desaparece.

O bom permanece

A Regra que determina a nossa vida como monges data do século V. Até hoje ela não foi alterada. Em nossa casa de hóspedes cada quarto possui uma cópia da *Regula Benedicti* (RB). Os hóspedes a leem e depois nos perguntam. Algumas passagens chamam sua atenção, como, por exemplo, a instrução de Bento de que o monge não deve comer carne de animais com quatro patas, a aplicação de disciplina física ou a que um monge quando comete alguma infração pode ser excluído da comunidade por determinado tempo e deve comer sozinho. As pessoas nos perguntam se isso ainda é praticado. O decisivo é sempre é, sempre: qual é a intenção que está por trás dessas instruções? Elas ainda fazem sentido? O mesmo vale para as horas de oração. Ainda hoje, a primeira hora de oração é chamada *vigília*. O sentido original da palavra vigília é permanecer acordado durante a noite. Antigamente, em muitos mosteiros, a vigília era realizada às 2h da manhã. Mas como vivemos essa tradição da oração noturna? Nós realmente levantamos às 2h? É preciso saber que a rotina e as responsabilidades dos monges mudaram consideravelmente em comparação com o tempo de Bento. E assim, determinamos para nosso mosteiro que, aquilo que a vigília pretende transmitir – e voltarei a falar disso – pode ser experimentado também às 5h da manhã. Por isso, rezamos a vigília a essa hora.

E no que diz respeito às punições: na época de São Bento elas eram comuns em todas as casas. A Regra de São Bento se orienta pelo sistema da época – em que o pai, o *pater famílias*, o cabeça da família, decidia tudo sem ser questionado – e aplica isso ao abade e seus monges. Isso mudou no decorrer do tempo, especialmente após o Concílio Vaticano II, que também provocou em nossa abadia uma grande renovação e, consequentemente, uma grande insegurança. Os monges jovens, entusiasmados com o concílio, queriam trazer essa energia para o mosteiro; os monges mais velhos queriam preservar a tradição. Mas a tradição foi questionada e o mosteiro procurou determinar o sentido da vida monástica e de seus ritos e rituais. Até então, a norma exigia que, quando os monges caminhavam pelo mosteiro, as mãos permanecessem sob o escapulário (um tipo de manto vestido sobre o hábito) e no cíngulo (um tipo de cinto). Uma postura que, hoje, seria vista como excessivamente exagerada. O questionamento desses ritos e hábitos permitiu que os monges redescobrissem seu sentido original. A postura descrita acima pretendia incentivar a concentração, o permanecer em si mesmo. Para os monges, isso resultou na pergunta: Como eu me comporto em espaços religiosos? Como eu me concentro? Como consigo estar sempre na presença de Deus? Na época, alguns confrades conheceram formas asiáticas de meditação. Eles nos mostraram novas maneiras de viver essa concentração: uma postura ereta ao sentar-se, o andar meditativo para concentrar o espírito e o corpo. Isso nos permitiu experimentar o andar não só como um movimento que nos leva a um lugar para outro, mas também como um valor, como um ritual. O mesmo foi aplicado a outros ritos: foram questionados e alguns deles abolidos.

Paulo fala com precisão quando se refere à continuação e à reforma de tradições: "Examinai tudo e ficai com o que é bom" (1Ts 5,21). O que nos faz bem – o que faz bem à comunidade e ao indivíduo? Os nossos rituais ainda têm algum conteúdo ou são apenas uma "embalagem vazia?"

Isso vale também para as pessoas que não vivem no mosteiro. Uma jovem me falou de sua educação religiosa e que, até então, era natural para ela ir à missa aos domingos. Mas então seu caminho espiritual a levou para a ioga e para a natureza. Quanto mais ela praticava ioga e passava mais tempo na natureza, mais ela se "sentia em casa" consigo mesma. Para ela, esses momentos eram um oásis de energia e descanso. Então, percebeu que a missa dominical não lhe preenchia mais, que não conseguia se encontrar de modo igualmente profundo na missa. Para ela, a igreja havia se transformado num tédio, lugar sem sentido. Ao continuar indo à missa, ela cultivava uma forma já esvaziada, porque não encontrava nela o que realmente procurava. Por causa de sua educação católica, porém, isso gerou um conflito de consciência. Esta lhe dizia que não podia simplesmente desistir de tudo. Seus pais tinham sido um exemplo de fé cristã, que lhes permitiu ter uma vida bem-sucedida. Ela deveria seguir seu próprio caminho, que não correspondia à tradição de sua família mas que lhe dava satisfação interior, ou participar da missa dominical, que não a preenchia? Além disso, seu marido preferia se manter sem suas convicções religiosas, e eles e não refletiam muito sobre isso.

Ele lhe dava liberdade para fazer coisas diferentes, aquilo a deixava mais equilibrada e satisfeita, seguindo seu próprio caminho espiritual. Eu a encorajei a ouvir sua alma e não viver de forma contrária à sua voz interior. Nem sempre isso é fácil, podendo provocar questionamentos e conflitos com a família. Mas se permanecermos fiéis aos nossos hábitos, apesar de sentirmos que precisamos de algo diferente, isso nos deixa insatisfeitos e bloqueados. Os rituais se esvaziam, não nos dão descanso, não carregam mais "nossas baterias" e causam frustração.

Não se apresse!

Quando entramos na igreja para rezar comunitariamente, nossos passos se tornam mais lentos. Essa desaceleração nos conduz à percepção de que o nosso andar não serve apenas para nos *dirigirmos ao interior da igreja*. Essa é uma *entrada na igreja*, na presença de Deus, e isso já é uma oração. Segundo Bento, o monge sempre deve estar ciente dessa presença divina. O que é exercitado no ritual deve ter seu lugar também no dia a dia. Posso usar o caminho entre dois compromissos para andar – e não correr – na presença de Deus; posso me conscientizar de meu andar durante uma caminhada para perceber a presença de Deus com atenção.

Aqui se revela o que caracteriza a vida monástica de hoje: oferecer uma alternativa à sociedade. Enquanto a velocidade aumenta continuamente na sociedade, nós monges desaceleramos e vivemos o momento; não nos ocupamos com muitas coisas, mas apenas com uma. Trata-se de voltar a atenção para aquilo que é. Por exemplo, quando uma pessoa nos procura, com suas perguntas e seus problemas, ela, por assim dizer, exige a nossa presença integral e uma resposta que flui da nossa presença em Deus; uma resposta nascida da oração.

Muitos que nos procuram trazem consigo o anseio pela desaceleração. "Finalmente desligar o celular e simplesmente poder ser"; "É bom não ser obrigado a nada": essas, dentre outras, geralmente são as frases que os nossos hóspedes costumam usar. Eles se afastam de sua rotina cotidiana por alguns dias e participam do nosso dia regulamentado para encontrar a paz. É bom não ter que começar o dia na correria, mas poder fazer uma coisa após a outra.

Conheço muitas pessoas cujo dia a dia é tão lotado de obrigações, compromissos e responsabilidades na família e no emprego, que elas simplesmente não têm tempo para começar seu dia sem correria. Mas talvez seja útil repensar sobre isso. Uma mulher me contou que ela usa o caminho do trabalho para ter tempo para si mesma, para desfrutar do nascer-do-sol no verão e se preparar para as suas atividades. Talvez tenhamos que nos despedir também aqui de formas ou noções velhas e procurar pequenas interrupções em nosso dia a dia, em vez de lamentar a impossibilidade de um ritual matinal que simplesmente seria impossível em nossa rotina.

Tente descobrir momentos diários para desacelerar um pouco. Evidentemente, você não pode viver como um monge no meio do mundo. Mas você poderia aproveitar seu caminho percorrido a pé, de bicicleta ou de carro não para fazer telefonemas ou escrever mensagens, mas para desacelerar seu passo e estar consigo mesmo.

Naturalmente a cada dia
Rituais da manhã até a noite

Neste capítulo pretendo falar dos rituais concretos que nós monges realizamos ao longo do dia, e quero me concentrar especialmente em nossos rituais de oração. Depois quero, partindo da nossa regra, sugerir rituais para o seu dia a dia. Esses rituais remetem à escuta, da qual Bento fala em sua Regra: "Escuta os preceitos do mestre..." Todos os rituais sugeridos começam com "Escute..." Isso indicará se é preciso encerrar algo que já não condiz ao que a alma, o corpo e o espírito necessitam, ou se, ao contrário, necessitam de continuidade.

Esses exercícios são sugestões que você pode integrar em seu dia a dia e que não duram três horas, tempo que nós monges utilizamos diariamente em nossos rituais de oração. É um luxo que cultivamos, mas também temos consciência da responsabilidade que essa prática acarreta. Por isso, incluímos em todas as nossas orações e rituais as pessoas que pedem as nossas orações e as preocupações do mundo. Nossa oração também é pelas pessoas que não podem rezar conosco. Mas talvez você encontre ao longo do dia um tempo (curto) para um ritual que lhe faça bem.

Essencialmente, nossos rituais de oração se orientam pela trajetória do sol e da lua. Isso é profundamente simbólico. Começamos com a Vigília no fim da noite, seguem-se então as Laudes (o louvor matinal) ao nascer do sol, a Hora Média ao meio-dia, as Vésperas (oração do fim da tarde) ao pôr do sol e as Completas (a oração noturna) no início da noite. No tempo de São Bento existia ainda uma ordem do dia flexível, que, no inverno, era diferente da ordem no verão por causa da diferença de horário do nascer e do pôr-do-sol. Mas hoje rezamos sempre nos mesmos horários. É claro que nem sempre isso corresponde perfeitamente à posição do sol, mas o simbolismo permanece o mesmo. E é a ele que me refiro.

O objetivo de todos os rituais de oração é reencontrar a harmonia com nós mesmos, encontrar a mim mesmo na vida fraterna com os monges do lado de fora dos muros do mosteiro.

A manhã: o despertar da vida

Ao amanhecer a vida desperta na Terra, tudo se reaviva. No verão, é maravilhoso quando, a essa hora, os pássaros já estão cantando e anunciando o dia, e podemos vivenciar a chegada da claridade. O novo dia nos convida a levantar e a ficar com os pés no chão, iniciando-o em nós.

Às vezes, quando acordamos, desejamos que o dia já tivesse passado. Pensamos: "Queria que essa conferência já tivesse acontecido. E, para piorar as coisas, aquele colega difícil volta das férias hoje". Para nós monges, o ritual matinal, especialmente em situações assim, é algo parecido como um treinamento motivacional. Entramos no dia rezando. Nossa primeira oração, chamada Vigília, em latim significa "desperto" ou "sem sono". Orginalmente, essa oração acontecia no meio da noite, pois mesmo nesse horário o nosso olhar pode permanecer voltado para Deus, também presente na escuridão dos meus pensamentos, que são ordenados corretamente por meio desse ritual.

Apesar de eu não gostar de acordar cedo, é importante para mim iniciar o dia logo cedo com a oração. Ela possui outra qualidade do que às 7h da manhã. A madrugada é a transição da noite para o dia. Justamente quando a razão ainda está em modo *"stand-by"* e o corpo ainda não despertou totalmente, a alma se sente muito à vontade e consegue absorver muito. Durante o dia, a razão filtra tudo. Assim, começamos o dia com a Vigília no ritmo da alma e no ritmo da natureza, para viver esse dia acordados e em seu próprio ritmo.

Depois da Vigília vêm as Laudes – o louvor matinal. Elas devem ser rezadas ao nascer-do-sol. No cristianismo, o sol nascente foi, desde sempre, o símbolo de Cristo ressurrecto. Assim como o sol nasce todos os dias, Cristo ressurge todos os dias sobre a vida das pessoas. A tradição bíblica expressa que Cristo é a luz do mundo. Mediante sua ressurreição Ele trouxe luz para a vida do ser humano. Para muitos, a fé na ressurreição é uma fonte de força e esperança. A ressurreição venceu a morte, e isso significa que a vida sempre é mais forte; mais forte do que qualquer fracasso, qualquer ruptura na vida, qualquer doença, qualquer problema e dificuldade, qualquer preocupação e temor. Ao louvar o Cristo ressurrecto, as Laudes conscientizam o monge de que, no fim, a vida vence, que ela sempre é mais forte. O foco deixa de ser a dificuldade e o esforço da vida, sendo substituído pelo sentimento de que "Eu consigo superar isso!"

Uma irmã religiosa, ao falar sobre a oração dos monges, disse em relação às Laudes que elas são o "impulso pascoal" para entrar no dia. Cada manhã, cada nascer-do-sol é uma pequena Páscoa. Posso começar cada novo dia com a certeza de que Deus deseja a minha existência. Posso dizer também: "A vida me convida para a vida".

Com o impulso pascal a alegria pascal também entra no coração das pessoas, e essa alegria nada mais é do que a alegria de viver. O ser humano que se levanta coloca ambos os pés no chão e na vida, na realidade de sua vida, do jeito que ela é. Assim, a pergunta no início do dia pode ser: "O que pode se renovar e florescer hoje, o que deve ser cortado?" "Qual aspecto antiquado, que ainda carrego comigo, pode ser substituído por algo novo?"

Uma árvore precisa ser podada, livrada dos galhos velhos para que novos galhos possam brotar e florescer com um vigor maior. Às vezes, a nossa árvore da vida possui um excesso de galhos, um excesso de ramificações, um excesso de tarefas e trabalho, de forma que a força se perde. Uma pessoa que é "podada" pode se concentrar melhor; sua energia não se espalha mais em todas as direções. Em vez disso, a pessoa se concentra em algumas poucas tarefas. Onde, então, a vida precisa ser podada para que possa florescer, para que possa respirar melhor. Quando a vida é podada, voltam o prazer e a alegria de viver. A poda vale também para os rituais e as tradições.

Algumas pessoas nos passam a impressão de que seria bom se seu galho de reclamações fosse podado. Existem pessoas que estão sempre insatisfeitas, que sempre pensam: "Como seria a vida, se..." e que já sabem ao acordar que à noite virá o "fim do mundo". Corre o boato de que os monges beneditinos possuem uma visão sóbria, uma visão que se limita ao necessário e aos aspectos práticos. Somos capazes de aceitar as coisas que não podemos mudar; pelo menos no momento. Essa visão sóbria concentra nossa energia naquilo que podemos fazer – não na fantasia de pensamentos irrealistas para mudar o mundo, mas tampouco numa postura destrutiva que só vê os aspectos negativos. Talvez possamos resumir essa postura desta forma: a vida é viável neste novo dia.

O monge: o ritual matinal

Na verdade, o ritual matinal começa quando levantamos, às 4:40h, quando o sino bate com um som muito agudo. Normalmente meu despertador me acorda um pouco antes. Cada um precisa de seu tempo para acordar e levantar; alguns precisam de mais tempo do que os outros para se prepararem para a oração.

Quando acordo, faço o sinal da cruz, começo o dia em nome do Pai, do Filho e do Espírito Santo; em nome do Deus que me deu a vida. Então fico de pé e permaneço nessa posição, sinto o chão sob meus pés, abro a janela, inspiro o ar fresco, a manhã, a vida, que está começando lá fora e me conscientizo: Este é um novo dia com muitas possibilidades!

Cada monge vai individualmente para a oração na igreja e procura o seu lugar. Ao sair da noite os monges se reúnem. A noite sempre é um símbolo para os poderes sombrios, para o mal – a Bíblia fala de demônios. A luta pela vida, o confronto com as trevas e as dificuldades... este é um caminho que toda pessoa precisa percorrer, e cada uma precisa tomar a decisão de se levantar a cada manhã. Levantar não só da cama, mas também de derrotas, fracassos, rupturas na vida. Cada um vem para a oração para se colocar diante de Deus. Para mim, isso é um grande testemunho: a cada manhã: às 5h, 80 monges, entre 21 e 93 anos de idade, se reúnem. E nenhum se desespera com Deus, com a vida. O monge vem para louvar a Deus e se colocar em sua presença. Ele já experimentou e sabe que Deus está presente também nas horas difíceis de sua vida e sempre o ajuda a se levantar. Sua oração dá testemunho disso.

Ao longo do dia nos reunimos cinco vezes na igreja; quatro vezes para rezarmos as horas canônicas e uma quinta vez para a celebração da Eucaristia. Nossos rituais de oração apresentam uma mesma estrutura. Eles têm início com um invitatório, seguindo-se os Salmos, que são as antigas orações do povo de Israel. Os Salmos apresentam a Deus tudo o que nos comove – seja ira e raiva, alegria e gratidão, louvor e petição. Os Salmos não ignoram nenhum dos sentimentos humanos, e a Bíblia reúne 150 deles. Depois cantamos um hino (cântico de louvor) e encerramos com uma oração e com a bênção.

A oração matinal é iniciada com as palavras "Abri os meus lábios, ó Senhor", ditas pelo superior. E todos respondem: "E a minha boca anunciará vosso louvor". Depois do silêncio noturno, essas são as nossas primeiras palavras. Antes de falarmos, pedimos que os nossos lábios e a nossa boca proclamem o louvor de Deus. É, porém, também uma palavra que vale para o dia inteiro: o que e como eu falo neste dia? Quais são as mensagens que emito? Pois as palavras que expressamos diariamente criam uma realidade. C.G. Jung disse certa vez: "Aquilo que age é real". Vemos isso quando as palavras machucam, quando uma pessoa sofre durante décadas por causa de uma palavra que a feriu. Pode ser útil observar a nossa própria comunicação. Palavras que louvam a Deus são palavras que geram vida, que incentivam a vida do outro, que o encorajam e fortalecem. As minhas palavras estão em contato comigo mesmo, elas expressam o que eu sou? Ou será que eu as digo porque quero defender minha posição?

Os Salmos que seguem o invitatório pretendem estabelecer um contato comigo mesmo. No início do dia a alma é capaz de absorver muito, é bom sentir a sintonia entre os monges produzida pelo ritmo que recitamos os Salmos. Ela nos conduz para um lugar de paz e silêncio meditativo no qual não fazemos nada além de ficarmos sentados e rezar. Estamos diante de Deus do jeito que somos e permitimos que as palavras do Salmos caiam em nossa alma.

Um salmo maravilhoso na Vigília dominical é: "Bendito seja o Senhor Deus, o Deus de Israel, o único que faz maravilhas! Bendito seja para sempre seu nome glorioso! Que toda a terra seja repleta de sua glória. Amém! Amém!" (Sl 72).

Deus faz maravilhas – com essas palavras, o autor desse Salmo expressa que ele não foi decepcionado em sua esperança em Deus. Ele sabe: Deus existe e ajuda. Por isso, toda a terra seja repleta de sua glória. Terra significa aqui o ser humano completo, como aquele que foi tomado da terra. Terra sou eu, ser humano de Deus. Ao final da noite recitam-se estas palavras: Neste novo dia, a glória de Deus se espalhe em mim e através de mim. O bispo Ireneu de Lyon (falecido por volta de 200 d.C.) disse: "A honra (ou glória) de Deus é o homem vivo". Deus é honrado e glorificado quando desenvolvemos nossos dons e talentos e fazemos o máximo da nossa vida.

Depois dos Salmos segue uma oração. Uma bênção encerra a Vigília. Depois de uma leitura com pensamentos meditativos e uma breve interrupção seguem as Laudes. Estas seguem a mesma estrutura que mencionei acima. Na verdade, a Vigília e as Laudes são duas horas de oração independentes que nós reunimos em uma unidade, mas que preservaram seu próprio caráter.

As Laudes são a oração que pretende dar impulso ao novo dia. Enquanto a Vigília é rezada ao despertar, as Laudes ocorrem ao nascer-do-sol. Ela louva o Cristo que ressurge sobre minha vida. E isso acontece a cada dia, independentemente da hora, da estação e do tempo. Em minha alma Cristo, ou Deus ou o divino, sempre é aquele que vigia, que é, que jamais me abandona. Mas agora vale encontrar a força e perceber a presença do divino dentro de mim. Assim como às vezes sentimos os primeiros raios de sol no rosto quando ainda estamos deitados na cama e percebemos a energia, dando-nos vontade de levantar e iniciar o dia, isso caracteriza os Salmos das Laudes. Cito, como exemplo, versículos dos Salmos das Laudes dominicais, que são cantadas de pé.

Meu Salmo preferido das Laudes é o 30. No fim, ele diz: "Converteste meu luto em dança, mudaste minha roupa de luto em traje de festa". O autor desse Salmo fez a experiência de que sua vida foi transformada. Ele estava em luto profundo e levou esse luto até Deus. Então o luto se transformou e o poeta se encheu novamente de força e alegria. Ele acredita que foi Deus quem o transformou.

O hino que cantamos após os Salmos expressa a mesma coisa. Também no domingo, no dia da ressurreição, cantamos: "Vede como as sombras da noite escura se dispersam: um brilho vermelho ilumina o céu matinal. Em uma só voz pedimos a Deus, ao Todo-poderoso, que tenha misericórdia de nós, que Ele nos conceda graça, espante o nosso ócio e, como Pai, nos dê uma herança celestial".

A noite escura se dispersa e se transforma. Com vigor brilha agora o novo dia. O sol nascente como símbolo do Cristo ressurrecto mostra: essa ressurreição traz força e energia. A pedra foi retirada, um morto ressuscitou para a vida. Tudo isso é proclamado pelo sol da manhã, que nos encoraja a pedir a Deus que espante o nosso ócio, que encontremos uma existência poderosa e cheia de força neste novo dia.

Rituais

Escute... o despertador

Quando precisamos levantar pela manhã, é grande a tentação de ficarmos deitados quando o despertador toca e dizermos a nós mesmos que não faria mal perder o café da manhã. Durante todos esses anos como monge aprendi a apreciar um horário fixo para levantar. É interessante que, também durante as minhas férias, costumo acordar no mesmo horário que no mosteiro, apesar de poder dormir mais e não usar um despertador. Minha alma se acostumou a esse ritmo e sabe que ele me faz bem. Acredito que é um desperdício enorme ficar discutindo com o despertador e calcular quantos minutos ainda podemos ficar na cama. Por isso, é bom decidir na noite anterior que, quando o despertador tocar, eu não discutirei com ele, não negociarei comigo mesmo, mas dizer a mim mesmo: quando o despertador tocar, eu levantarei.

Analise sua postura em relação ao despertar. Após acordar, você pode dizer a si mesmo: "Agora levantarei para a vida. A vida me espera". Então levante e sinta o chão sob seus pés, que o sustenta. Abra a janela, inspire a manhã, a vida nova. Agora você poderá fazer o sinal da cruz e dizer: "Em nome do Pai e do Filho e do Espírito Santo. Começo este dia em nome da força divina que está em mim".

Escute… o novo dia

Este ritual pode reforçar o exercício anterior. Cada novo dia é uma nova chance. A chance, por exemplo, de permitir que minha visão daquilo que é seja transformada. Você pode realmente escutar e tentar ouvir o dia. Fique de pé em seu quarto ou na natureza. No quarto, abra a janela. Sinta o ar fresco. Perceba o chão sob seus pés e sua respiração, balance lentamente para frente e para trás e então comece a girar o quadril. Seja como uma árvore, firmemente enraizada, mas cujos galhos e folhas balançam ao vento. Você está firme, mas consegue se mexer. Então acalme-se. Ouça o canto dos pássaros, o murmúrio de um riacho, talvez apenas o silêncio. Perceba seus pensamentos, mas não se agarre a eles; permita que eles passem por você. Concentre-se em sua respiração. Inspire o ar fresco da manhã, sinta os raios do sol em seu rosto, perceba seu ambiente e como a vida está despertando, como você desperta e como a vida se manifesta dentro de você.

Agora visualize seu dia, seus compromissos e tudo que o espera neste dia. Peça a bênção de Deus, a proteção do divino, para tudo e todos. Encerre o exercício com uma reverência como sinal de respeito. Antes da reverência, diga estas palavras: "Eu me curvo diante deste novo dia, diante de Deus e de sua criação, diante de todos os que encontrarei hoje e diante de mim mesmo!" Ou recite uma oração que lhe é querida e com a qual você coloca seu dia sob a bênção divina.

Escute... o presente

"Quando as crianças tiverem crescido faremos aquela viagem da qual sonhamos há tanto tempo. Então começará a nossa felicidade." "Quando eu tiver tempo, eu o dedicarei à minha família. Mas agora ainda preciso trabalhar." Muitas vezes, encontro pessoas que esperam que sua felicidade comece em algum momento no futuro.

Mas a verdade desafiadora é esta: a felicidade já está aqui, dentro de você. Talvez você conheça aqueles "momentos de susto": você está feliz porque ainda está vivo, porque sobreviveu, porque escapou por pouco de um acidente de carro. Nesse momento você sente: Felicidade é estar vivo, independentemente de riqueza e sucesso.

É bom desfrutar da manhã antes que a cabeça e a razão comecem a exigir todo tipo de coisas, como verificar as mensagens no celular em vez de conversar com as crianças. Você pode se perguntar: O que desperta em mim a felicidade e a alegria quando acordo? O banho quente? O passeio com o cachorro? Os barulhos da natureza? O primeiro café? Sentir como suas forças despertam para o novo dia? Encontre sua resposta! E então tente descobrir como é começar cada dia com esse mesmo ritual!

Escute... a voz da responsabilidade própria e pare de sentir pena de si mesmo

Conheço muitas pessoas que se veem como vítimas e que, nesse "papel", costumam ser rápidas em jogar a responsabilidade sobre outras pessoas. Elas acreditam que sua vida só melhorará quando os outros começarem a tratá-las de modo mais justo. O perigo dessa postura é que podemos nos acomodar nesse papel. Muitos se mantêm nesse papel e sempre encontram alguém que tem pena deles e os "paparica". Agindo assim, delegam a própria vida e a felicidade aos outros, não assumindo responsabilidade por si mesmo mesmos.

Apesar de vivermos numa grande comunidade, cada monge depende e é responsável por si mesmo. Ninguém pergunta se eu programei meu despertador para a hora certa e se eu me levanto; ninguém controla minha higiene matinal ou quando e como eu me deito à noite. Um dos nossos terapeutas na Casa Recollectio instalou um espelho em um dos consultórios. Acima do espelho ele escreveu: "Esta é a pessoa que é responsável por você".

Escreva essa afirmação no espelho do seu banheiro! Assim, ela lembrará você toda manhã de que é responsabilidade sua como você viverá o dia de hoje, como você lidará com as situações que o esperam. Ela lembrará você de que a sua vida está em suas mãos. Invista alguns momentos olhando para o espelho e se lembre da sua sorte de estar vivo enquanto você escovar seus dentes.

Assumir a responsabilidade por sua vida significa também afirmá-la. É necessário que, em algum momento, você acolha a vida com todo o seu querer e com toda a sua força e expresse sua alegria de estar vivo. Você pode dizer a si mesmo: "Sim, quero afirmar e moldar esta vida com cada célula do meu corpo". Isso impedirá que você sinta pena de si mesmo e se veja como vítima.

Pegue uma folha de papel e escreva, enquanto você se sente à vontade, "sim". Esse "sim" representa sua determinação de viver e de moldar sua vida com todas as suas forças. Mas você também pode procurar um lugar na natureza em que se sinta bem. Se for permitido, faça uma pequena fogueira naquele lugar. Leve uma música que significa algo para você, e então comece a dançar ao ritmo dela. Diga seu "sim" à natureza. Dance e expresse seu "sim" até você se cansar. Algumas pessoas precisam de um amigo de confiança que as acompanhe e apoie nesse ritual. Sinta como faz bem dizer "sim", como faz bem dançar e expressar esse "sim"!

Antes de realizar esse ritual você pode escolher um símbolo que represente a sua vida até este momento, a vida na qual esteve preso no papel de vítima, na qual ainda não conseguia dizer "sim" a si mesmo. Você pode queimar esse símbolo na fogueira.

Escute... e não fofoque

A oração matinal – "Senhor, abre os meus lábios" – nos convida a refletir sobre nossa fala. Observe a si mesmo durante o dia e perceba como e onde você fala. Quando você fala antes do tempo? Quando você fala sem pensar? Quando você participa de fofocas e fala sobre os outros, ao invés de falar com eles? Perceba também em que momentos você é atencioso e cauteloso com suas palavras? Quando tenta ser diplomático? Onde você protege a si mesmo e os outros através de sua fala? Então decida dar mais atenção à sua fala, perceber de modo mais consciente o que e como você fala. Tente fazer isso durante um dia. Espere um momento antes de abrir a boca. Analise se aquilo que você pretende dizer é realmente importante e serve à vida.

Pela manhã você poderá voltar sua atenção para o seu coração e, depois de um período de silêncio, dizer três vezes: "Deus, vem ao meu socorro". Você pode usar também outra afirmação, algo que o ajude a prestar atenção naquilo que diz.

O meio-dia: interromper a vida

Em quase todos os mosteiros a Oração das Doze é celebrada ao meio-dia, quando o sol alcançou seu ponto mais alto, o período mais quente do dia. No nível simbólico, o calor está ligado ao fogo. Quando uma pessoa se entrega a algo, dizemos que ela arde por sua causa. Além da paixão, a raiva, a ira e a agressão também podem fazer uma pessoa arder. Isso faz com que ela não consiga mais pensar de maneira objetiva e sóbria, gerando conflitos e discussões.

O hino do meio-dia com o qual iniciamos a nossa Oração das Doze, acata esse pensamento: "O calor do meio-dia nos atormenta, respiramos febris e assomados, a briga se inflama, a palavra impensada". Esse tipo de situação surge justamente quando estamos estressados, quando queremos resolver algo às pressas, quando não ouvimos o que o outro diz. Nos pensamentos já estamos no próximo compromisso e, talvez por isso, deixamos escapar uma palavra que magoa o outro. E já estamos no meio de uma briga. Outro exemplo: durante a manhã surgem compromissos que não podem ser adiados, mas que atrapalham todo o plano para o dia. Já ao meio-dia torna-se evidente que teremos de ficar no escritório até tarde. E é exatamente aqui que a Oração das Doze entre em jogo. O hino continua: "Deus, teus são os tempos, queremos descansar um pouco junto a ti, em tua presença há refresco, paz e paciência". Deus é o remédio contra briga e conflito. Muitas vezes dizemos em uma situação desse tipo: "Esfrie a cabeça, vá fazer um passeio, saia um pouco, respire fundo, acalme-se, depois a gente conversa com calma". É isso que a Oração das Doze pretende ser: uma interrupção no meio do dia, um refresco para acalmar as emoções.

É, porém, possível que alguém "se inflame" por uma causa. Ele "arde" por algo que lhe é importante. Perde a noção do tempo quando faz algo que gosta; tudo flui, e ele está submerso no momento. Em ocasiões desse tipo é difícil seguir a instrução de Bento. O monge, afirma ele, deve largar tudo o que estiver fazendo quando o sino chamar para a oração. Essa interrupção ao meio-dia nos diz: faça uma pausa! Isso pode significar: você precisa respirar fundo, se acalmar, dar um passo para trás, comer algo e se refrescar. Mas significa também: você não é importante! Quem escreveu isso foi o franciscano norte-americano Richard Rohr em um de seus livros. O que ele quer dizer é: não devo imaginar que, sem mim, tudo para e nada funciona. Minha importância e meu desempenho não me definem.

Algumas pessoas acreditam que só são boas quando estão estressadas, quando estão atarefadas e têm muitos compromissos. Eu costumo dizer: "Você é bom porque você existe". E: "Confie no fluxo da vida. Se aquilo que você está fazendo for realmente importante, conseguirá continuar depois da interrupção".

Pesquisadores afirmam que os religiosos costumam viver alguns anos a mais do que o restante da população. Uma das causas é o ritmo de vida regular e uniforme, que conhece também pausas e interrupções. A pergunta essencial que fazemos ao meio-dia é: Quem sou eu quando não trabalho? Qual é a minha identidade quando não faço nada?

O monge: o ritual do meio-dia

A Oração das Doze dos monges dá uma resposta a essa pergunta. Ela começa dizendo: "Vinde, ó Deus, em meu auxílio". E todos respondem: "Socorrei-me sem demora". Pedimos nessa hora, muitas vezes calorosa e corrida, que Deus nos ajude a estar totalmente presentes, a descansar na presença dele. Então segue o hino citado anteriormente. "Deus, teus são os tempos, queremos descansar um pouco junto a ti, em tua presença há refresco, paz e paciência". No verão a nossa igreja é maravilhosamente fresca por volta do meio-dia, de modo que conseguimos sentir e perceber as palavras do hino.

Certa vez, quando os discípulos não conseguiam fugir das multidões que estavam procurando Jesus, Ele lhes disse: "Vinde vós sozinhos para um lugar deserto e repousai um pouco" (Mc 6,31). Ou, em outra ocasião: "Vinde a mim vós todos que estais cansados e sobrecarregados, e eu vos darei descanso" (Mt 11,28). Em Deus, na oração, posso respirar fundo e esquecer meus fardos pelo menos enquanto durar a oração. Posso ser, sem meu trabalho, sem meu estresse. Mas nós também corremos o perigo de ficar pensando no trabalho durante a oração, de estar presentes apenas fisicamente. Talvez pensemos: "Nesse tempo eu poderia ter resolvido algumas coisas importantes". Talvez o celular vibre no bolso e eu pense: "Essa é a ligação que estive aguardando há tanto tempo!"

É claro que nós monges também lutamos contra a tentação de ignorar uma hora de oração para terminar um trabalho importante. Quando isso ocorre comigo lembro-me que a oração é o convite para que eu seja interrompido. É a interrupção que me leva de volta para o meu centro e o fundamento da minha vida como monge. Não é uma obrigação chata que preciso cumprir por causa de uma promessa que fiz. É bom e correto que a palavra "serviço a Deus" – e todas as nossas horas de oração são serviços a Deus – não seja entendida como um serviço que presto a Deus, mas como um serviço que Deus me presta. É algo que me ajuda e me serve, e não vice-versa.

O Sl 131, que rezamos na Oração das Doze às quintas-feiras, diz: "Estou sossegado e tranquilo; como a criança saciada no colo da mãe, como criança saciada, minha alma está em mim". Ou o Sl 13, na Oração das Doze às sextas-feiras: "Quanto a mim, confio em tua bondade: meu coração exulte com tua salvação! Vou cantar ao Senhor pelo bem que me fez".

Quem reza esses Salmos sabe que Deus lhe faz coisas boas e que pode se acalmar em sua presença, ficando tão calmo como uma criança que é amamentada pela mãe. Ela descansa saciada em seu colo; ela simplesmente está ali e sabe que é acolhida e protegida. Isso basta. É uma linda imagem para a oração ao meio-dia: descansar no colo de Deus e estar seguro nele. Depois de uma leitura bíblica e das petições após os Salmos, a oração termina com a bênção.

Nós monges observamos que a Oração das Doze é a oração com o maior número de participantes. A maioria das pessoas é composta de hóspedes do mosteiro, mas há também pessoas que estão de férias, turistas que vêm de bicicleta, que percorrem as margens do rio a poucos metros do mosteiro e que querem fazer uma pausa porque o mosteiro chamou sua atenção. Temos também alguns habitantes da região que participam da oração. Talvez tenha a ver também com o fato de que é a nossa oração mais curta. Ela dura apenas 20 minutos. Aparentemente, trata-se de um tempo que todos conseguem organizar. E também os nossos funcionários costumam aproveitar esse tempo para fazer uma pausa.

Rituais

Escute... e pare de acreditar que você só é bom quando estiver estressado

Há pessoas que iniciam uma conversa falando do compromisso que acabaram de ter e que, logo em seguida, terão outro compromisso importante, que não pode ser realizado sem a sua presença. Que depois de uma curta noite de sono precisam correr para o aeroporto porque têm outros compromissos no exterior. Percebo como essas pessoas se sentem bem com isso; elevam sua autoestima quando podem contar aos outros como são importantes. Só de ouvi-las fico sem fôlego porque consigo sentir a correria desse ritmo de trabalho.

O diretor de um hotel me disse que precisava mudar algo em sua vida com urgência. Ele já tinha tentado de tudo para desestressar seu dia a dia, para ter mais tempo para si. Ele queria poder tomar o café da manhã com a família antes de ir para o trabalho. Essa tentativa fracassou depois de poucos dias porque sofreu uma recaída, acreditando que precisava estar no escritório às 7h da manhã. Algo dentro dele lhe dizia que só assim conseguiria ser bom, mesmo sabendo que seus funcionários conseguem desempenhar a contento suas atividades sem a sua presença. Esse tipo de convicção dificulta a nossa vida. É saudável substituí--la por outra afirmação: "Pare!" Sempre que você acreditar que nada será realizado sem você, repita essa afirmação. Quando você só se sentir realizado ao imprimir a si um ritmo estressante, trabalhando também nos fins de semana e feriados porque acredita que sem você nada anda, diga aos seus pensamentos: "Parem!" Reserve 20 minutos ao meio--dia, sente-se, respire fundo e repita esta afirmação: "Eu sou bom porque existo". Ou a afirmação de Santo Agostinho como promessa de Deus para você: "Quero que sejas". Sinta o seu ser, sua existência. Só isso. Talvez você consiga, aos poucos, substituir sua velha convicção por esta nova.

Escute... sua raiva

O símbolo do meio-dia é o calor, é o fogo, também emocionalmente. Suas emoções também precisam de uma interrupção ao meio-dia, tempo para refrescar, tempo para voltar a ver as coisas de forma objetiva. No calor da disputa, no calor da minha raiva, eu posso dizer ou fazer coisas das quais eu me arrependa mais tarde. Uma pausa me retira desse calor e me permite ganhar distância.

Quando você estiver irritado, furioso e agressivo, fora de si, isso é um sinal de que precisa de uma pausa. Tente se acalmar, como nós monges fazemos durante a Oração das

Doze. Nós nos colocamos na presença de Deus e encontramos nele refresco e descanso.

Você pode se acalmar percebendo sua respiração, estando de pé ou sentado. Sinta o chão sob seus pés; talvez você prefira se deitar e sentir o chão de forma ainda mais direta. Preste atenção em sua respiração e sinta como o chão carrega e acolhe você. Entregue agora toda a sua raiva à terra; sempre que expira sua raiva sai de você e é absorvida pela terra. Permaneça nessa postura até sentir que se acalmou. Agradeça à terra por ter tirado a raiva de você. Então continue seu trabalho.

Ou faça como nós monges. Medite sobre o nosso hino: "Deus, teus são os tempos, queremos descansar um pouco junto a ti". Procure um lugar calmo. Repita esse hino até você perceber que está mais calmo, que se sente acolhido. Não permita que a raiva o domine.

Escute... suas paixões

A interrupção do dia pela nossa Oração das Doze me traz de volta à minha existência como monge. Orar na presença de Deus significa também que eu me coloco na dele como monge, não como diretor de um setor da abadia, não como professor. Eu me apresento a Deus como aquele que, em algum momento do passado, disse: "É este o caminho que desejo seguir com convicção e entusiasmo por Deus". Às vezes eu me pego pensando: "Onde foi parar esse entusiasmo? Onde estava meu fogo interior nesta manhã? Quem ou o que conseguiu apagá-lo?"

Para reavivar as nossas paixões, o nosso "zelo ardente", que corre o perigo de se perder na correria e na rotina do dia a dia, a pequena interrupção ao meio-dia pode ser muito útil. Sente-se numa igreja silenciosa e fresca ou em algum lugar afastado e sinta: "Eu sou um ser humano. Estou aqui". Então reflita: "Quando foi a última vez que fiz algo com paixão?" "O que me consumiu nos últimos tempos?" "Quem ou o que me levou à exaustão?" "Onde a minha energia se perdeu?" "Onde e como posso investir todo o meu entusiasmo e toda a minha paixão na segunda parte do dia?" Para encerrar, você pode dizer a si mesmo aquilo que decidiu fazer na segunda parte do dia como pequena promessa a si mesmo. Ou, se quiser, faça uma pequena oração pedindo a Deus para reacender a sua paixão e o seu entusiasmo. Ou, ainda, reze um dos Salmos mencionados acima.

Escute... o seu corpo e o alimente

Algum tempo atrás um confrade que soube que eu estava tendo muito trabalho, me procurou. Ele disse que eu passava a impressão de estar muito estressado. Eu lhe agradeci por sua observação. Então ele me disse: "Quando você tem muito trabalho é importante que faça tudo lentamente". Isso pode parecer contraditório, mas eu acredito que ele está certo. Quando estamos com muito trabalho, correr não ajuda. Cometemos erros, ignoramos coisas e pessoas. Mas quando tentamos seguir com calma – isso inclui também a interrupção – ela nos ajuda a recuperar a visão clara para aquilo que é o mais importante e para aquilo que deve ser feito em seguida.

No mosteiro, a interrupção para a oração sempre inclui a refeição. De manhã, ao meio-dia e à noite, a missa e a oração são seguidos pela refeição. Quero compartilhar uma pequena experiência que fiz. Em meu curso "Um tempo para os homens" pedi para que cada participante escolhesse uma figura bíblica masculina que era importante para ele. Um dos participantes escolheu Elias. Ao explicar por que, disse que gostava tanto dessa figura porque um anjo visita Elias no deserto e lhe traz pão e água. O participante deduziu disso: um verdadeiro encontro com Deus precisa incluir uma refeição. Elias sente o fortalecimento em seu caminho fisicamente na forma de alimento. Em nosso mosteiro as refeições também são rituais. Antes de qualquer refeição nós rezamos; ao meio dia e à noite, antes do café da manhã, paramos, agradecemos a Deus, fazemos o sinal da cruz e só então nos sentamos. Assim, nos lembramos a quem devemos esse alimento. Dessa forma, ambas as pausas – a hora da oração e a da refeição – podem ser percebidas como fortalecimento que Deus nos concede, como um serviço que nos ajuda a permanecermos fortes em todas as nossas atividades ao longo do dia.

Tente estruturar o seu dia de modo a incluir pelo menos uma boa pausa; se possível, ao meio-dia. Fortaleça o corpo e coma algo que faça bem também à alma; aproveite a refeição. Conscientize-se de que a comida não representa apenas uma energia necessária ao seu corpo; comer é uma experiência sensual que faz bem ao corpo e que é "combustível" espiritual.

Antes da refeição você pode se conscientizar de que, com esse alimento, Deus o fortalece com suas dádivas, que a terra nos dá. Se você quiser, expresse sua gratidão por meio de uma oração. Mas se você sentir que no dia de hoje não tem tempo para uma pausa e que deveria estar correndo, diminua o ritmo pelo menos por alguns minutos, pare e respire fundo. Sinta a terra sob seus pés; ela é quem lhe sustenta. Também poderá fazer esta pequena oração: "Deus, Tu estás aqui, e eu estou aqui. Amém".

O fim da tarde: a vida se acalma

O fim da tarde geralmente é o período do dia no qual a vida se acalma. O trabalho é encerrado e começa a última parte do dia. Ao encerrarmos o dia de trabalho nós o apreciamos, como Deus fez no fim de cada dia da criação, quando viu que era bom. Eu faço isso confiando que aquilo que foi semeado continuará a crescer. No mosteiro, o expediente termina oficialmente às 17h. Isso vale principalmente para os confrades que trabalham em alguma das oficinas artesanais. É claro que existem áreas nas quais continuamos a trabalhar depois disso. Aconselhamentos ocorrem também mais tarde, alguns continuam a trabalhar no escritório, os hóspedes recebem o jantar e preparamos seu café da manhã.

Nesse período preciso permanecer em meu ritmo e encontrar o ponto no qual devo encerrar o trabalho, a conclusão da obra daquele dia. Devo soltar meu trabalho e me perguntar: "O que pode ficar para amanhã?" Talvez isso possa ajudá-lo no encerramento de seu trabalho. Em determinado momento você percebe: "Agora só me resta esse tempo; o que ainda precisa ser feito hoje?" "Isso é realmente necessário ou sou eu quem acredita que não possa ser adiado?"

Há um ritual que aprendi com meu pai e que se tornou muito precioso para mim. Ele tinha instalado uma pequena oficina no porão de nossa casa, com todas as ferramentas necessárias para executar trabalhos menores. Nessa oficina, existia uma ordem impecável. Todos os pregos e parafusos estavam guardados em gavetas diferentes, separados segundo seu tipo e tamanho. Meu pai permitia que eu usasse a oficina; mas, no fim do dia, tudo precisava voltar ao seu devido lugar, para que o próximo encontrasse tudo na devida ordem. "Arrumar a oficina" é um bom ritual, pois eu e a minha alma entendemos que "agora o trabalho está encerrado". No escritório podemos aplicar esse ritual organizando arquivos no computador, documentos e guardando as pastas. Esse ritual também poderá incluir os preparativos para o dia seguinte; posso preparar e selecionar os documentos, materiais ou ferramentas que utilizarei no dia seguinte.

Então é chegada a hora de sair do escritório ou da oficina, encerrando o trabalho. No mundo móvel de hoje, no qual muitos sempre levam seu escritório consigo – na forma de seu celular ou tablet –, encerrar o dia de trabalho não é tão fácil. A tentação de continuar o trabalho em casa é grande: escrever um e-mail, conversar com o chefe ou com a equipe pelo Skype, porque algo não pode ser adiado. O perigo é que nunca conseguimos nos desligar totalmente do trabalho, permanecendo sempre no modo *stand-by*. Isso não faz bem ao corpo nem à alma.

Evidentemente, para muitos o trabalho continua quando chegam em casa, sendo necessário cuidar das crianças, planejar o dia seguinte com o cônjuge, fazer compras, preparar o jantar, arrumar a casa, cuidar dos pais que moram na mesma casa, ir para a reunião de pais e mestres etc. Muitos me contam que se consideram sortudos se, antes de dormirem, ainda restar um tempinho para se acalmar, para tomar uma taça de vinho com o cônjuge.

Creio que seja importante ter um momento de descanso, um ponto-final, e assim voltar para si mesmo e poder lembrar e apreciar o dia transcorrido, para que ele não passe simplesmente como todos os outros dias. Isso significa também não ficar remoendo as coisas que não deram certo ou que não puderam ser feitas, mas ver o dia como "um dia no qual deixei a minha marca".

Após encerrarmos o trabalho, nós monges temos uma hora até as Vésperas (a oração vespertina), na qual cada um pode usar para se acalmar e encontrar tranquilidade. Podemos traduzir o nosso lema *Ora et labora* também como "ativo e contemplativo". A postura contemplativa observa: na oração contemplamos e observamos o nosso ser interior. Mas pode ser também uma postura de trabalho. Às vezes é necessário dar um passo para trás e contemplar o nosso trabalho. O pedreiro precisa garantir que a superfície esteja realmente plana; o pintor precisa examinar se a cor que ele está aplicando realmente corresponde aos desejos do cliente; o pregador precisa analisar se a homilia que ele está escrevendo realmente se adequa à situação.

O tempo anterior às Vésperas pode ser utilizado para contemplar a obra do dia, para agradecer a Deus por aquilo que pôde ser feito, o que consegui criar com meu talento criativo. Posso também contemplar o trabalho feito e me alegrar diante dele. Ou posso fazer uma caminhada contemplativa pela natureza e me alegrar com a criação.

Alguns monges usam esse tempo para meditar, para simplesmente estar na presença de Deus. Outros leem um livro espiritual ou as Escrituras Sagradas e estabelecem um vínculo entre aquilo que leram e a sua vida.

O monge: o ritual vespertino

Às 18h ocorrem as Vésperas, a oração vespertina comunitária. Elas objetivam ser uma hora de oração por ocasião do pôr-do-sol; mas dependendo da estação, o dia já pode estar escuro ou ainda claro. A oração nos convida a sintonizar o fim do dia e a diminuir o ritmo.

Nesse momento oferecemos juntos esse dia a Deus e cantamos louvores a Ele; agradecemos a Deus pelo dia e nos colocamos diante daquele cujas bênçãos e forças garantem o êxito do nosso trabalho. Iniciamos essa hora de oração novamente com o clamor "Vinde, ó Deus, em meu auxílio". E os monges respondem: "Socorrei-me sem demora."

Seguem novamente os Salmos, que agora são cantados (de manhã e ao meio-dia eles são recitados de forma rítmica). O Sl 87, por exemplo, diz: "Eles, dançando, cantarão: 'Em ti estão todos os lugares de origem'". Ou o Sl 26: "Meu pé se mantém no caminho certo. Nas assembleias bendirei o Senhor". Com Deus, ninguém cai nas profundezas sem amparo. Cada um pode saber que Deus o carrega. E mais: os Salmos falam de danças e cânticos. Às vezes, falamos de obrigação e de leveza. A obrigação é o trabalho, com o qual eu ganho dinheiro e que nem sempre é aquilo que eu preferiria fazer no momento, mas é o que permite me manter de pé sobre um solo firme. A leveza é o meu carisma; meu talento como a música, por exemplo.

O canto em comunidade no fim do dia de trabalho é também uma maneira de nos conscientizarmos de nós mesmos. Os monges se despediram de seu trabalho, se reuniram e cantam louvores àquele que é seu fundamento e amparo. Eles lhe agradecem pelo trabalho que pôde ser feito e o louvam ao mesmo tempo. As Vésperas são encerradas com uma leitura, o hino e a bênção.

Rituais

Escute… sua gratidão

Este ritual convida você a contemplar conscientemente o êxito do dia. De manhã, você coloca dez pedrinhas em seu bolso da direita. Toda vez que se depara com algo bonito ao longo do dia, quando alguém lhe diz uma palavra de gentileza ou quando algo acontece que desperta sua gratidão, você pega uma das pedrinhas do bolso da direita e a coloca no bolso da esquerda. À noite, quando a sua vida se acalma, poderá contar quantas pedrinhas estão no seu bolso esquerdo. Lembre-se, de acordo com o número das pedrinhas, de quantos eventos lindos você vivenciou nesse dia.

Você também pode manter um "Diário da gratidão" e anotar nele os acontecimentos bonitos. Aos poucos verá quantas coisas belas lhe acontecem na vida.

A seguir, sinta a gratidão que está dentro de você, a gratidão por todas as coisas boas e bonitas que encontrou ao longo do dia. Se você quiser, poderá fazer uma oração de gratidão ou ler um Salmo de gratidão, estando sempre ciente do fato de que não é algo "natural" você ter chegado são e salvo ao fim desse dia.

Escute... e pare de querer ser perfeito

À noite precisamos nos soltar de nosso trabalho. Isso inclui a reflexão sobre quão perfeito deve ser o meu trabalho. "Ele precisa estar encerrado ou posso deixá-lo inacabado?" "Preciso concluí-lo ou posso fazer isso no dia seguinte?"

Recentemente um confrade fez uma palestra sobre os "defeitos" que as pessoas podem ter. Ele disse que não se trata de perder esses defeitos, mas da pergunta: "Como eles ajudaram a pessoa em sua vida?" "O que eles lhe ensinaram?" "Quais são as competências que ela adquiriu por causa deles?" E ele deu um exemplo: uma criança cresce numa família na qual o pai era alcoólico. É importante perguntar a essa criança de então, agora uma pessoa adulta, como ela superou essa situação, como conseguiu se proteger quando o pai voltava bêbado para casa e era insuportável. Onde encontrava proteção? O que ela aprendeu com isso e como pode aproveitar essa experiência hoje?

Outra criança sofria na escola porque não era boa em ciências e porque os pais queriam que ela se tornasse cientista e professor. Mas foi justamente essa situação que levou-a a descobrir quais eram seus dons verdadeiros e desenvolvê-los.

Erros e imperfeições são "lugares" nos quais podemos aprender nos aceitar. Poderíamos dizer que erros são o reverso dos nossos dons. Quando uma pessoa crê em Deus, esse conhecimento pode ajudá-la a entender que Ele ama cada pessoa incondicionalmente e que ela não precisa ser perfeita.

Para fazer esse ritual, sente-se num lugar calmo; talvez às margens de um rio ou de um riacho. Assim como o riacho segue seu rumo e flui, permita que o seu dia passe por você, desde cedo até a noite. Concentre-se principalmente naquilo que não foi perfeito, que deveria ter sido melhor; naquilo que você não está satisfeito ou que não corresponde à sua autoexpectativa.

Então pense naquilo que contribuiu para que algo não saísse a contento. Talvez não conseguiu completar um trabalho porque uma pessoa ligou e precisou de sua ajuda. Ou você percebe que o trabalho que o seu chefe lhe deu e que você não conseguiu realizar não corresponde aos seus dons e talentos.

Você também poderá levar uma folha de papel para o rio e fazer um barquinho. Então, imagine carregando aquele barquinho com tudo o que não foi resolvido, que não foi perfeito ou completado... A água permite que o barquinho leve tudo que pesa em sua alma.

Você igualmente poderá fazer algum outro exercício que lhe permita descarregar de si o fardo da imperfeição. E, ainda, poderá agradecer a Deus porque Ele o aceita exatamente do jeito que você é. Assim, é possível confiar todas as suas imperfeições à misericórdia e ao amor de Deus.

À noite: deixar viver

No início da noite abrimos mão do controle consciente sobre a nossa vida. À noite nos entregamos ao sono e à nossa respiração. A respiração é símbolo da vida, pois quem não respira está morto.

Quando dormimos confiamos que algo continua a respirar em nós. Esse é o milagre da vida: quando nascemos passamos a respirar – isso simplesmente aconteceu, e continuamos a respirar até hoje, incontáveis vezes ao dia. É uma experiência maravilhosa simplesmente perceber a respiração, sentir como o peito se levanta sem que haja necessidade de fazer alguma coisa. E o mesmo acontece quando dormimos: a consciência é desligada e a respiração continua, até despertarmos no dia seguinte.

Para nós monges, a noite sempre foi o período dos poderes sombrios. Muitas vezes as crianças precisam de uma pequena luz no quarto ou no corredor, querem que a porta permaneça aberta, porque têm medo da noite, da escuridão completa. Muitas não conseguem dormir quando não sentem a proximidade dos pais, quando se sentem desprotegidas. E nenhuma criança dorme sem uma boa história, sem seu bicho de pelúcia, sem o beijo de boa noite da mamãe ou do papai. Muitas delas também têm um anjo da guarda perto delas.

Igualmente nós adultos temos os nossos ritos no fim do dia. Alguns precisam de uma coberta grossa e quente, outros ouvem uma música para relaxar, outros fazem exercícios de ioga. Tudo isso nos mostra que, desde a nossa infância temos a necessidade de fazer uma transição boa para a noite, semelhante às transições maiores de nossa vida. A passagem do dia para a noite precisa ser expressada.

No mosteiro de Bento era comum que, depois do jantar, a comunidade se reunisse mais uma vez para ouvir leituras sagradas. Bento diz explicitamente em sua Regra que as histórias terríveis da Bíblia devem ser excluídas dessas leituras, para que as imagens de luta e morte não assombrem o monge durante a noite; elas impregnam a alma e precisam ser processadas.

A transição para o sono deveria ser um ritual que oferecesse ao ser humano a oportunidade de relaxar e de se confiar ao fluxo da vida, ao fluxo da respiração. Algumas pessoas voltam de uma reunião, de um compromisso, alimentam-se rapidamente, trocam de roupa e literalmente caem na cama como que mortas. Principalmente quando acabamos de comer e vamos dormir com o estômago ainda cheio, a qualidade do sono costuma ficar prejudicada. Outros adormecem na frente da TV e perdem o momento certo de ir para a cama.

Por isso é importante saber o momento de se deitar, "ouvindo" o corpo e a alma. Quando o meu corpo está cansado e precisa de descanso, quando a minha alma já acumulou impressões suficientes durante o dia e preciso dormir para que ela possa ordenar e processar tudo aquilo que experimentou.

Principalmente quando estamos num grupo de pessoas podemos nos sentir obrigados a ficar até tarde da noite. Tenho um confrade que conhece seu ritmo tão bem, e lhe obedece, que ele abandona uma reunião quando é chegada a sua hora de se deitar.

O monge: o ritual noturno

O nome da nossa oração da noite, as Completas, já aponta seu significado. Ele deriva da palavra "completo". Essa oração completa o dia. Quando, por algum motivo, nossos rituais não podem ser realizados porque, por exemplo, estávamos cansados demais para cumpri-los, sentimos um efeito disso; que algo está faltando; que o dia não está completo. O mesmo vale para as Completas, pois elas encerram nosso dia. Em nossa abadia essa oração da noite ocorre muito cedo, às 19:35h. Isso porque iniciamos o nosso dia muito cedo. Considerando a possibilidade de dormir oito horas, iniciar a oração da noite mais tarde é quase impossível. Segundo a tradição, as Completas ocorrem no início da noite, quando o sol já se pôs e já escureceu. Nessa oração pedimos proteção e bênção para a noite. As Completas começam quando os monges, reunidos, fazem silêncio durante alguns momentos. Nesse período cada monge pode rever seu dia e se conscientizar daquilo que foi imperfeito, dos erros que cometeu. Também é utilizado para fazer um exame de consciência, e em seguida todos professam em voz alta: "Confesso a Deus Todo-poderoso e a todos os anjos e santos que omiti o bem e pratiquei o mal. Pequei em pensamentos, palavras e obras. Por isso peço à Santa Virgem Maria, ao nosso Santo Pai Bento, a todos os anjos e santos e a vós, irmãos e irmãs, que orais por mim junto a Deus, nosso Senhor". Nós nos curvamos e recebemos na oração seguinte a promessa do perdão: "Deus, o Pai todo-poderoso, tenha misericórdia de nós. Ele perdoe os nossos pecados e nos conduza à vida eterna".

Essa confissão coletiva das culpas tem um aspecto libertador. Se cada um confessar diante da comunidade que também é fraco e falho, ninguém poderá olhar para o outro de um jeito estranho, condenando-o com seu olhar, porque todos sabem disso: o outro não é melhor do que eu; ele sabe tanto quanto eu que depende do perdão. É um grande alívio quando os erros e as imperfeições são confiados à comunidade, a bênção é dada e a misericórdia de Deus é prometida. Ninguém precisa se esconder para que os outros não vejam seus erros e deficiência. Ninguém precisa ser perfeito.

Principalmente para os perfeccionistas e para os impacientes, que também existem no mosteiro, a aceitação das imperfeições (próprias e dos outros) não é fácil. Por isso, a promessa do perdão é muito importante. Podemos saber que amanhã será outro dia, terá um novo início. Depois da confissão de culpa os monges recitam os Salmos. Todos têm em vista a eternidade: aquele que confia em Deus, que se refugia nele, é protegido também durante a noite e no fim de sua vida. Quando o dia é devolvido a Deus no fim do dia eu me entrego à respiração; nesse período também costumo pensar na entrega de minha vida a Deus quando ela chegar ao fim. Assim como o dia termina na confiança em Deus, devemos entregar a Ele também a nossa vida quando esta chegar ao fim.

O hino que segue aos Salmos tem o mesmo tema: "Em tua fidelidade, que não vacila, sê Tu o vigia nesta noite [...]. Senhor, derrota Tu o inimigo, protege nosso corpo e nossa alma". "Inimigo" se refere ao diabo ou ao mal, cujo reino é a noite e a escuridão. Deus vigiará também aqui e se revelará como aquele que não abandona ninguém e que faz brilhar a sua luz também na escuridão e na morte. Que consolo! Na noite brilham também as estrelas e a lua. A lua é o vigia da noite, e muitas pessoas se sentem atraídas pelo céu estrelado e pela lua cheia. É algo místico. Nas religiões naturais a lua é vista como entidade feminina, e na maioria das línguas ela também é uma palavra feminina (na língua alemã ela é masculina). Assim, o sol seria símbolo do masculino, do dia, do trabalho, enquanto a lua simboliza mais o feminino, a contemplação, aquilo que protege e acolhe. Portanto, o monge acredita que ele é protegido de forma maternal.

As Completas são encerradas com uma saudação à Virgem Maria, mãe de Jesus. Na maioria das vezes, cantamos o *Salve Regina*, um canto do século XIII. Com esse canto nós monges nos voltamos para o lado feminino de Deus. Neste hino, Maria é chamada "Mãe de misericórdia". Isso significa: no fim, posso cobrir esse dia com o manto da misericórdia e encerrá-lo em paz. Acho majestoso confiar-se à proteção materna de Deus no início da noite.

Ao final o abade asperge a comunidade monástica com água-benta; é a bênção noturna. A água-benta lembra o batismo; também por isso, à entrada das igrejas católicas geralmente se encontra um vaso/dispositivo afixado à parede para que o visitante se lembre de que ele é filho de Deus, que foi batizado com tal dignidade. Desde o início da vida o ser humano é filho de Deus, e no batismo isso é afirmado. Por isso, tem uma simbologia muito profunda o "pai da comunidade", o abade, aspergi-la com água-benta.

Alguns confrades usam a água-benta ao longo do dia; possuindo dentro de seu quarto um pequeno recipiente com água-benta, eles se persignam (fazem o sinal da cruz com ela) quando se levantam, se deitam e sempre que saem ou entram no quarto.

Depois das Completas começa o "grande silêncio" da noite, quando todo o mosteiro deverá estar cheio dele. De um lado, a noite é o lugar da escuridão e das forças sombrias, de outro, a alma permanece acordada ao longo dela. Por isso, o monge deve ficar em silêncio para poder ouvir a alma desperta. Trata-se de dar espaço para a alma e permanecer consigo mesmo, sem que a atenção seja desviada.

Segundo a Regra de São Bento, o monge deveria permanecer em silêncio sempre, durante o dia todo, e dizer apenas o necessário de modo atencioso e sucinto. Ele precisa estar em constante diálogo com Deus; sempre ouvir a sua alma; estar sempre ciente da presença de Deus e perguntar o que Ele quer que seja feito e dito no momento.

Rituais

Escute... e pare de querer fazer

À noite, escolha um momento e um lugar no qual possa se despedir conscientemente do dia; se possível, sempre o mesmo lugar e a mesma hora. Garanta que ninguém e nada possam interrompê-lo durante 15 ou 20 minutos, e que todos os aparelhos eletrônicos fiquem desligados. – Também é possível deixar tocar uma música calma que o ajude a relaxar.

Então, acalme-se em seu lugar; conscientize-se de que tudo o que poderia ser feito naquele dia já está feito. Você fez o que foi possível, mesmo que não tenha conseguido fazer tudo o que tinha planejado; mesmo que deveria ter reagido de outra forma nessa ou naquela situação. Agora, o computador e o celular estão desligados, as crianças estão na cama, agora você pode se confiar à noite e ao sono. Reviva o dia mais uma vez em seus pensamentos e agradeça à vida e a Deus pelo que você conseguiu fazer. Peça perdão por aquilo que não foi bom, e saiba que Ele lhe dá a paz. Não se fixe no que poderia ou deveria ter feito de outra forma. Amanhã será um novo dia com nossas oportunidades.

Após ter passado algum tempo em silêncio, você poderá cruzar os braços sobre o peito e colocar as mãos nos ombros. Agora está abraçando a si mesmo, podendo se sentir refugiado nesse abraço, que a sua vida o abriga e que você está refugiado em Deus. Então poderá "soltar o seu dia" e saber: "Eu fui perdoado. Posso ir para a cama e me confiar ao sono".

Escute... seus sonhos

A noite também é o lugar dos sonhos, e desde sempre as pessoas têm se ocupado com eles; muitas vezes transmitem uma mensagem mais profunda que precisa ser decodificada. Eles nos conduzem à nossa alma e até mesmo a aspectos de nosso ser que não temos consciência. Se você quiser trabalhar com os seus sonhos, deixe um bloco ao lado da cama e anote-os assim que acordar – pelo menos aquilo que consegue lembrar. Sugiro que você crie um diário especificamente para eles, anotando também o que lhes está associado. O que as pessoas, as paisagens, os objetos que apareceram no sonho evocam em você? Veja se uma dessas associações provoca-lhe determinado sentimento. Então acolha esse sentimento; contemple por alguns segundos aquilo que suas anotações evocam. Você pode confiar que, mesmo não analisando profundamente cada sonho, ele continuará agindo dentro de você. Ao anotar um sonho você o respeitou e lhe deu dignidade, e isso basta. Também poderá conversar com alguém que saiba interpretá-los.

Escute... o silêncio

O silêncio volta a atenção para dentro; então, o primeiro plano não é mais ocupado pelas coisas externas, mas pelas internas. Procure um lugar na natureza ou mesmo em sua casa no qual nada possa desviar sua atenção. Perceba simplesmente o fato de você existir; perceba os barulhos à sua volta: os pássaros, os vizinhos, a rua. Permita que eles sirvam como pano de fundo. Concentrado em seu silêncio, passe a notar como você se sente quando não fala, quando não precisa falar, quando pode simplesmente estar consigo mesmo. Muitos pensamentos e sentimentos virão à tona; talvez também alguns que você reprimiu ao longo do dia e que são dolorosos. Consinta que eles existam e respeite--os, pois eles querem ser contemplados e respeitados; fazem parte de você. Permaneça no silêncio e na tranquilidade, sentindo igualmente o chão e a terra sob seus pés. Você é mais do que todos os seus pensamentos e sentimentos. Sinta como, ao escutar sua respiração, você se acalma e se sente acolhido. Agora está completamente consigo mesmo.

Coragem!

"Coragem!", é o que diz um monge quando encontra um confrade, independentemente do que ele esteja passando ou enfrentando. No final deste livro quero encorajá-lo a se perguntar sobre o que significa para si tudo o que falamos a respeito dos rituais; em relação ao seu sentido, ao seu vazio e plenitude, à Igreja e à tradição.

A tarefa que sempre encontro em meu caminho como monge é a da perseverança, a de permanecer no caminho, e também de me conscientizar sempre de novo que em algum momento eu tomei a decisão clara de viver dessa forma, com todos os rituais praticados na abadia. Isso, por exemplo, impede-me de me tornar budista e praticar os seus rituais. Decisões querem e devem ser levadas a sério.

Todo o atleta sabe que ele pode faltar em um ou mais treinos, mas que isso lhe trará consequências no treino seguinte. Os rituais também dependem dessa regularidade para desdobrarem um efeito profundo sobre a alma. Por isso, existe o voto para nós monges; ou seja, a promessa vitalícia que fazemos diante da comunidade, isso após um longo exame e teste sobre a nossa forma de vida.

Mesmo assim, não somos imunes ao desânimo, à falta de vontade de realizar os rituais com regularidade. O que eu faço quando não tenho vontade de participar dos numerosos rituais e horas de oração? Essa falta de vontade é uma expressão da minha preguiça? Ou ela está me dizendo que os rituais ficaram vazios para mim e que eu os realizo apenas como costume, pois os faço há um bom tempo? Eu devo continuar, mesmo que sinta esse vazio? Preciso manter-me como monge ou devo procurar uma nova forma de vida?

Contente-se

Como mencionei acima, a Regra de São Bento procura fazer jus a todas as necessidades de nossa vida. Trata-se de prestar atenção às necessidades do corpo, da alma e do espírito. Isso significa também não viver a vida segundo o princípio do prazer, segundo aquilo que me diverte a curto prazo. Os rituais querem me ensinar que a repetição constante faz bem ao meu interior e que ela me satisfaz.

Talvez você conheça muito bem isso: depois do trabalho, obriga-se a praticar um esporte porque vai para o treino todos os dias. Isso às vezes é uma tortura; é exaustivo. Mas depois você se sente equilibrado, contente, cansado, e que isso foi melhor do que se jogar no sofá. Ou seja, algo que nos faça bem e que contribui para o nosso bem-estar pode ser difícil e cansativo! Pode exigir esforço e disciplina.

Bento era um mestre do conhecimento humano, e toda a sua Regra transpira isso. Logo no início deste livro falei do "coração amplo" do monge como destino de seu caminho. Bento diz que, inicialmente, o caminho só pode ser estreito.

Quando decidimos viver como monges e damos os primeiros passos nessa vida, ela muda de um instante para o outro. De um dia para o outro, somos confrontados com muitos rituais grandes e pequenos e prestamos atenção para não cometermos erro algum, porque tememos que um dos confrades possa se irritar conosco – o que não costuma acontecer. Aos poucos, os muitos rituais se transformam em algo natural e, em algum momento, não conseguimos mais imaginar uma vida sem eles. Em algum momento o coração se abre e passa a entender o sentido dos rituais. Mesmo assim, a Ordem Beneditina, o ritmo do dia e os rituais continuam sendo um desafio.

Alguns exemplos: no início achei estranho termos um ostiário (uma pessoa que vigia a porta); função normalmente exercida por um confrade mais jovem. Ele abre as portas quando entramos na igreja para a oração e as fecha quando saímos. Também é sua função entregar ao abade a água-benta que usamos para fazer o sinal da cruz quando entramos na igreja. Por que o abade não faz isso pessoalmente? Ele seria perfeitamente capaz de fazer isso. Ele é tão especial ao ponto de precisar que alguém a entregue para ele? Ou por que os confrades mais novos, independentemente de seu treinamento ou formação, são obrigados a ajudar a limpar os banheiros e corredores, em vez de serem aproveitados nas atividades que correspondem aos seus dons e habilidades? Por que precisamos levantar tão cedo? Para que servem as orações durante as refeições, o silêncio depois das 20h, a proibição de sair do mosteiro? Quando me tornei monge sempre me perguntava: Por que faço tudo isso? Foi realmente para isso que me tornei monge? Durante uma fase em que questionei minha decisão de ser monge um confrade me disse: "Não discuta isso todos os dias, tente aguentar um ano sem questionar tudo". Foi o que fiz, e isso ajudou; consegui reconhecer o efeito de longo prazo.

Aos poucos percebemos como os rituais e a rigorosa rotina nos ajudam a nos encontrar como monges e a viver o presente, e todos os rituais mostram que nada é dado. Tudo é dádiva e presença santa de Deus, mas isso só se evidencia aos poucos através da vivência.

Quando eu era professor de religião em nosso colégio costumava contar aos alunos como eu tinha sido socializado na fé. Desde os 4 anos de idade meus pais me levavam para a missa aos domingos. Todos faziam isso, e não me lembro de ter me revoltado contra o fato. É claro que eu não entendia tudo o que acontecia na celebração. Às vezes ficava sentado no banco brincando com meus carrinhos, mas acredito que minha alma já compreendia o que acontecia. À medida que crescia passei a entender os rituais e a me familiarizar com a Igreja e com a fé. Tornei-me coroinha, estudante de Teologia e, finalmente, padre. Nem sempre preciso entender cada detalhe de um ritual, mas apenas confiar que ele terá um efeito sobre o meu ser. Em algum momento passo a perceber em meu interior que estou mais equilibrado, mais forte, que consigo reconhecer a minha grandeza, dignidade e força, descobrindo o meu fogo interior. Posso sentir se o ritual me faz bem ou não.

Você pode parar

Isso nos leva ao próximo tema. Bento sabia muito bem que aquilo que pode ser bom para um monge pode não ser para um outro. As pessoas não são iguais e não podem ser julgadas segundo o mesmo padrão. Há anos participo não só dos "bombeiros do mosteiro", mas também do aconselhamento em situações de emergência, sendo chamado no caso de acidentes, incêndios, suicídios, mortes repentinas, e dou apoio aos familiares. Um confrade afirma que ele não conseguiria fazer esse trabalho porque precisaria de vários dias para processar tais eventos. Para mim, basta uma noite de sono para que consiga continuar com a vida.

O mesmo acontece com os rituais; aqueles que ajudam alguns podem ser ruins para outros. Tenho a impressão de que, durante muito tempo, os rituais foram delegados à Igreja. As pessoas sabiam da importância dos rituais em transições importantes da vida, mas às vezes só os praticavam porque tinham aprendido e porque acreditavam que precisavam ser feitos. O coletivo – a família, a aldeia – era a grandeza decisiva e determinante; ninguém perguntava se os rituais faziam bem individualmente.

Dentro da Igreja os rituais adquiriram significado próprio. Assim, talvez as pessoas ainda participem deles, mas não os entendem mais. Tornaram-se meros espectadores, apesar de o ritual estar profundamente vinculado à sua vida, ao seu ser mais íntimo.

O abade Martin Wehrlen observa: "Talvez a Igreja tenha se afastado mais das pessoas do que as pessoas da Igreja"

(WEHRLEN, M. *Zu spät* [Tarde demais], p. 24). Parte disso se deve ao fato de que a linguagem usada pela Igreja durante os rituais não é mais compreendida por muitas pessoas. Ela é teologicamente correta, mas sua linguagem está desarticulada do cotidiano das pessoas. É justamente por isso que muitos classificam a Igreja e os seus rituais como vazios, como meras frases sem sentido e que lhes são incompreensíveis. Além disso vivenciamos a Igreja como distante da vida; acreditamos que ela não nos oferece respostas à nossa busca. Na verdade, porém, a Igreja e a fé cristã oferecem uma grande oportunidade. Aqui repito um dos meus versículos preferidos da Bíblia: "Não porque pretendamos dominar vossa fé, mas porque queremos contribuir para vossa alegria. Pois, quanto à fé, estais firmes" (2Cor 1,24). Paulo não está interessado em mandar na fé dos indivíduos, mas quer contribuir para que a alegria irrompa neles. A fé cristã quer nos levar à alegria e à esperança profundas, à estabilidade, ao conhecimento, à consciência de que a nossa existência não é aleatória e à consciência de que todos nós somos seres desejados, independentemente de raça, renda, sexo e religião.

Para muitos clérigos, porém, a divisão em confissões religiosas e as regras sobre quem pode ou não participar da Eucaristia são mais importantes do que convidar as pessoas para rituais de alegria. A saída de muita gente da Igreja Católica é uma mensagem: reconsiderem! Aqueles que saem da Igreja não podem ser condenados, dando-se atenção apenas aos que permanecem. Essa não é a solução. Em vez disso deveríamos perguntar àqueles que saíram ou pretendem sair da Igreja: "O que queres que eu te faça?" (Lc 18,41).

Uma minoria de católicos chegou a dizer isso em voz alta, mas uma grande parcela deles concorda que na Igreja existe uma divisão entre tradicionalistas e progressistas. O jesuíta Ignaz Kiechle deu uma entrevista sobre esse tema e disse que a Igreja precisa estar disposta a perder uma parte dos tradicionalistas: "Isso aconteceu várias vezes ao longo da história, e essa separação seria realmente tão grave?" Precisamos de uma nova ruptura para que consigamos enxergar um novo caminho pelo qual as pessoas possam voltar a encontrar o sentido profundo da fé cristã.

Para que isso aconteça a Igreja precisa abrir mão de ritos e rituais que se esvaziaram e perderam seu conteúdo. Os tradicionalistas, por exemplo, cultivam ainda a chamada "missa tridentina", celebrada em latim. O padre fica de costas para a assembleia e não interage com ela. Os tradicionalistas acreditam que o padre fica voltado exclusivamente a Deus e concentrado apenas nele. Na minha percepção, porém, essa forma não ajuda as pessoas a entrarem em contato consigo mesmas. A Igreja precisa se desgarrar dos ritos antigos se quiser redescobrir a alegria, a vivacidade e a plenitude da vida.

Também cada indivíduo pode e deve parar de participar de rituais que não lhe fazem bem e não correspondem mais à sua vida. Por isso, cada um deveria perguntar a si mesmo se os rituais que ele pratica o alimentam ou se os pratica apenas por hábito. E se ele não os pratica deve perguntar a si mesmo se isso se deve à falta de vontade ou à preguiça. Os que participam regularmente dos rituais da Igreja podem se perguntar se os pratica de todo o coração.

Na comunidade em que eu vivo devemos nos perguntar constantemente: "Qual é o equilíbrio entre coletividade e o indivíduo?" "Quando posso faltar a um ritual porque estou realmente cansado e exausto?" "Quais são os rituais que eu pratico apenas para mim mesmo?" Quando devo participar porque o ritual serve à comunidade e por que decidi ser um membro dessa comunidade?" Na confissão ouço com frequência: "Eu não cumpri a obrigação de observar o domingo", fazendo referência à obrigação de cada cristão católico de participar da missa aos domingos. No passado, quando alguém não ia à igreja no domingo, percebia isso como pecado e era criticado pela coletividade, pelas pessoas na aldeia. As pessoas simplesmente cumpriam essa obrigação. Ninguém pensava em mudar ou rejeitar essa norma. "Mas se hoje eu sentir que determinada missa não me faz bem, eu posso ficar em casa e entrar em contato com Deus através do meu próprio ritual?"

A Igreja Católica afirma que os sacramentos são a presença mais concreta de Deus entre os homens. Mas muitos dizem que não existe lugar no qual Deus, ou o divino, possa ser experimentado de modo tão intenso quanto na natureza. Quem está correto? Aquilo que a Igreja afirma ou aquilo que o indivíduo percebe dentro de si?

É absolutamente claro que uma comunidade, uma coletividade, precisa de rituais comuns para expressar sua identidade. É assim no futebol, na família, no círculo de amigos. Também na comunidade do mosteiro. Esse é o meu coletivo. Quando me decidi em favor dessa comunidade também me decidi em favor dos rituais comuns. Quando entrei no mosteiro, o que importava para mim era que eu pudesse concordar com a orientação básica, que eu pudesse dizer: eu consigo me enxergar na forma como essa comunidade vive, crê e celebra a missa. É uma forma de vida e fé que me alimenta. É claro que essa decisão precisa ser reavaliada de vez em quando. De um lado, a comunidade precisa analisar se os seus rituais comuns ainda valem, se ainda possuem um conteúdo ou se eles se transformaram em tradições vazias. De outro lado, eu, como indivíduo, preciso examinar se essa forma de vida ainda me serve e se eu quero continuar a vivê--la. Nesse sentido, o nosso maior desafio é se desprender das mensagens que internalizamos quando crianças. Na maioria das vezes essas mensagens partiam dos pais, mas também de amigos e superiores. Nós absorvemos essas mensagens e agimos de acordo com elas. Uma dessas mensagens afirma: "Nós amamos você apenas se for comportado e tiver um desempenho bom". Essas afirmações ficam presas dentro de nós e orientam nossas ações, mesmo que os pais já tenham morrido há muito tempo. Nós obedecemos e acreditamos nessas mensagens porque queremos ser amados. Mas, independentemente do fato de que esse tipo de amor não é um amor verdadeiro – pois este é incondicional –, ficamos presos a ele. Cumprimos as exigências dos outros, mas traímos a nós mesmos e as nossas necessidades.

É muito bom receber ou se dar a permissão de se despedir dessas sentenças de fé em algum momento da vida, porque elas não correspondem ao nosso ser verdadeiro, aos nossos desejos mais profundos, e porque sentimos que não podemos mais deixar de responder às nossas necessidades interiores e de, finalmente, viver de modo que corresponda ao nosso ser verdadeiro.

Nesse sentido quero encorajá-lo a parar! Quando você sente que há rituais em sua vida que não fazem mais sentido, você pode parar.

Pare de fazer coisas que não lhe fazem bem, pare de fazê-las simplesmente porque sempre as fez mas nunca as questionou. Pare de praticar rituais que você não entende, que não lhe dão alegria.

A pergunta decisiva é: "O que eu quero?" Esta é a pergunta que Jesus nunca se cansou de fazer: "Que queres que te faça?" Ou seja: O que satisfaz você, do que você necessita? Existe um ritual que lhe permite entrar em contato com sua identidade mais profunda e que desperta a sua vivacidade? Existe um ritual que o refresca quando sua raiva o faz arder por dentro? Como você deseja iniciar e encerrar o seu dia? O que lhe dá paz e tranquilidade no final de um dia?

Busque

O encorajamento para parar inclui também o encorajamento para ir à busca de novas formas, novos rituais que lhe fazem bem. Muitas pessoas que abandonam a Igreja hoje em dia buscam ajuda dos chamados "ritualistas" – pessoas que, em pontos importantes da vida, realizam um ritual para as pessoas que as procuram. Esse ritual pode ser um batismo ou um casamento alternativo. Mas também existem despedidas ritualizadas; por exemplo, quando um casamento é dissolvido e os ex-cônjuges desejam um rito para se separarem em paz e respeito. Isso é algo que, na minha opinião, falta na Igreja: a celebração da reconciliação com projetos de vida fracassados e a reconciliação das pessoas envolvidas. Os ritualistas purificam e abençoam também casas com incenso e celebram enterros alternativos. Parece ser um campo amplo em que cada um pode encontrar aquilo que lhe corresponde.

Mas como o indivíduo pode descobrir o que lhe faz bem, o que lhe corresponde, qual é o seu ritual? Como ele pode descobrir novos rituais diários?

Cito alguns pensamentos e aspectos que podem ajudar nessa busca:

* * *

Eu já falei de um seminário para homens na abadia, no qual cada participante deveria escolher o seu personagem bíblico, a pessoa que lhe vinha à mente naquele momento. Pedi que eles lessem a passagem na Bíblia referente a esse personagem e perguntei: "Onde você reconhece um paralelo entre sua vida atual e o personagem bíblico?" "Você poderia usar isso também como ponto de partida para um exercício somente seu?" "Qual é a relação dele com a sua vida atual?" "Ele praticava um ritual que você poderia repetir agora".

Mencionar alguns exemplos para explicar o que estou tentando dizer: Moisés tira o povo de Israel da escravidão no Egito e leva-o para a liberdade. Para você, isso poderia significar que deseja ser mais livre. Conscientize-se sempre de novo: Deus me chama para a liberdade, onde posso ser eu mesmo – sem ter que cumprir as exigências dos outros. Se você se sente preso e limitado pelas expectativas dos outros, pode se levantar e sentir o chão sob seus pés. Ninguém além de você pode ocupar o espaço no qual se encontra neste momento. Este é o seu lugar. Agora, estenda os braços e levante as mãos como se quisesse dizer "Pare!" ou evitar que alguém se aproxime demais. Imagine agora que você está impedindo que as expectativas dos outros cheguem perto demais. Diga para si mesmo: "Eu sou livre e tenho a obrigação de ser fiel a mim mesmo. Eu não preciso cumprir as expectativas dos outros". Fique parado por alguns instantes, sinta o que você acabou de fazer e, então, encerre o ritual.

Outro exemplo é o Profeta Elias. Ele é perseguido, precisa fugir e, no fim, se encontra no deserto, exausto e desanimado. Mas um anjo que lhe traz pão e água, fortalecendo-o para o futuro. Um confrade que é conselheiro espiritual disse-me que ele usa essa história para encorajar as pessoas que não sabem como e para onde devem seguir. Meu confrade se oferece como anjo que as encoraja e as edifica. Quando você estiver exausto e sem ânimo, pergunte a si mesmo: "O que me encoraja?" "Quem pode me dar novas forças?" "Existe alguma palavra ou algum provérbio que eu posso utilizar em um pequeno ritual sempre que eu perder o ânimo?"

Para encerrar, José. O pai de Jesus ouve a mensagem de seus sonhos e a voz de Deus. Ao seguir as instruções dos anjos ele salva a sua própria vida e também a vida de Jesus e de Maria. No sonho ele é instruído a fugir para o Egito com a sua família, e, assim, salvá-la de Herodes. José pode ser um considerado um "salva-vidas" porque ele ouviu a voz em seu interior. Raramente nossa vida é ameaçada fisicamente. Muitas vezes é a nossa vivacidade que corre o perigo de morrer, aquilo sobre o qual dizemos: "Isso sou eu". Eu já mencionei a pessoa do músico, para quem a música é a sua vida. Ele bem sabe que a música não lhe dará o sustento necessário, mas, mesmo assim, deseja ser fiel ao seu chamado. Pergunte a si mesmo: "Eu ainda estou vivo?" "Quem ou o que manda em minha vida neste momento?" "Do que eu preciso para permanecer vivo?" "Onde e quando posso encontrar tempo e espaço para isso?

Após ter criado um ritual vinculado ao seu personagem bíblico, pergunte-se como pode integrá-lo em seu dia a dia. Quando é a melhor hora para praticá-lo? Quando você realizar o seu ritual perceba como ele lhe faz bem!

* * *

O corpo humano não consegue mentir; ele se expressa com autenticidade e sem fingimento. Se existe uma situação em sua vida que não lhe faz bem, ele reage. Em alemão, dizemos que alguém não se sente bem em sua pele, o que significa que ele não está à vontade. Ou dizemos que uma situação pesa em seu estômago quando algo o preocupa tanto, que o seu estômago reage causando incômodos. Sob uma outra perspectiva dizemos que alguém se sente tão bem quanto um *poodle* ou um recém-nascido. Ambas as expressões significam que nos sentimos bem em nosso corpo, que estamos relaxados. Quando você estiver procurando rituais e formas novas ou até mesmo formas alternativas de adorar a Deus ou desenvolver rituais próprios para entrar em contato com sua identidade e força divinas, pergunte também ao seu corpo como ele se sente. "Você se sentiu bem na igreja que visitou pela primeira vez para participar de uma missa?" "A forma do ritual que você criou também permite que o seu corpo relaxe?" "Esse ritual faz você se sentir livre e revigorado?"

* * *

Toda busca é um experimento. Quando entrei no mosteiro tive a sensação de que era o lugar certo para mim. Mas para descobrir se essa sensação era correta eu precisava experimentar esse estilo de vida, pois há perguntas que não podem ser respondidas apenas por meio de reflexão e imaginação: "Como seria a minha vida se..." Eu precisava experimentá-la e sentir se aquele caminho era bom e me satisfazia. Nesse caso minha sensação foi correta. Caso contrário, eu teria saído dali com toda tranquilidade e experimentado outro caminho.

Permita a si mesmo a liberdade de experimentar coisas novas, de seguir sua sensação de que aquilo poderia ser um caminho, um ritual para você. Às vezes é muito difícil se despedir de caminhos que seguimos durante muito tempo mas que agora não funcionam mais. Acredito que existem muitas pessoas que sentem suas formas de vida, seus rituais não funcionarem mais, mas que continuam seguindo aquele caminho porque temem e duvidam que um novo caminho possa sustentá-las.

* * *

A alegria é um sinal confiável para saber que determinado caminho é o certo. Como já mencionei, alegria não é diversão. O caminho do monge não é "divertido" todos os dias, mas ele me preenche com alegria e confiança interiores; ele me alegra. Em outras palavras: ele fortalece minha confiança, minha certeza de que Deus segura tudo em suas mãos e que minha vida pode ser bem-sucedida.

Os rituais devem incentivar nossa alegria e confiança, levando-nos a uma forte esperança interior, para que você possamos pautar nossa vida nesses valores.

* * *

Há pessoas que veem o desejo como um sentimento meramente romântico e orientam sua vida por aquilo que é palpável, agindo de maneira puramente racional. Graças a Deus sempre existiram pessoas que seguiram suas intuições. Tendo uma visão clara de sua vida, acreditaram que tinham a força para mudar o mundo e para torná-lo um pouco melhor. Visto de forma puramente racional, era romântico demais acreditar que no outono de 1989 um protesto que consistia em orações e velas acesas levaria à queda do muro de Berlim. Mas as pessoas envolvidas acreditaram em seu desejo e o seguiram.

Sinta e acredite em seus desejos. "Qual é o seu desejo mais profundo?" "Qual efeito você espera de um ritual?" Ouça seu interior e pergunte à sua alma para que assim ela possa ser saciada.

* * *

Uma multidão de pessoas deseja a pacificação. Principalmente no fim da vida sentem grande necessidade de restabelecer a paz com aquelas que tiveram um relacionamento difícil e conflituoso. A paz é um grande anseio de todos nós, e este também foi o grande desejo de Jesus quando Ele reencontrou seus discípulos após sua ressurreição.

Quando encontro pessoas que vivem em profunda paz interior, considero isso como uma grande dádiva e riqueza, pois percebo que ela não encontra a sua paz naquilo que possui. A paz é encontrada por quem diz "sim" a si mesmo, ao mundo e à criação, porque sabe ser aceito por Deus.

Se você estiver à procura de novos rituais, pergunte para si mesmo: "O que me conduz a essa paz"? "O que me permite sentir que Deus me aceita"? "Como consigo expressar a aceitação de mim mesmo, da vida, de Deus e do mundo?"

* * *

Vai para onde o coração te leva é o título de um romance que comoveu muita gente. Bento fala do coração amplo, referindo-se ao fato de que, ao longo do caminho e do tempo, ele se abre, expande. Creio que todos nós conhecemos pessoas com um coração grande e generoso, mas também pessoas medrosas, presas dentro de si mesmas, acreditando que uma simples mudança significa o fim do mundo. Às vezes também passamos por essa experiência, chegando até mesmo a ter dificuldade de respirar. Mas também vivenciamos o oposto, quando nosso peito se abre e conseguimos respirar fundo, enchendo nossos pulmões com ar e vida. Procure aquilo que lhe permite respirar livremente.

* * *

A galinha que era uma águia é o título de um conto. Nele se diz que na floresta um homem encontrou uma jovem águia. Ele a levou para casa e a colocou no galinheiro, juntamente com suas galinhas. Já que era jovem e estava no meio das galinhas, a águia passou a se comportar como uma delas. Alguns anos depois um caçador, passando pelo galinheiro, descobriu a águia no meio das galinhas e perguntou ao dono do local por que ele estava criando uma águia no meio das galinhas. Obteve como resposta que aquela ave era uma galinha. O caçador contestou, afirmando que ela era uma águia. Durante três dias seguidos aquele caçador levou a suposta galinha para o alto de uma montanha e lhe mostrou o nascer do sol. No terceiro dia a "galinha" finalmente olhou para o sol, esperou alguns instantes, abriu as asas e saiu voando em direção ao sol.

Creio que muitas pessoas se sintam assim. Elas vivem em seu mundo, naquilo que conhecem. Talvez até sintam que deveriam mudar algo em sua vida, mas ninguém lhes disse que elas podem fazer isso, que elas podem "sair do galinheiro". Durante muito tempo foi o que aconteceu na Igreja Católica; ela dizia aos fiéis o que era permitido e o que era proibido fazer; quais os caminhos que eles deveriam seguir e que rituais poderiam praticar. Mas jamais os seus fiéis ouviram que, como pessoas batizadas, possuem uma dignidade real e que podem viver na liberdade dos filhos de Deus.

O povo de Israel dançou quando saiu da escravidão do Egito rumo à liberdade, atravessando o Mar Vermelho! Que imagem grandiosa de liberdade é descrita nesta passagem: Miriam, com o pandeiro nas mãos, liderou o povo liberto do cativeiro louvando a Deus (cf. Ex 15,20s.).

Deus chama cada um de nós para a sua liberdade, convida-nos a cantar, dançar e viver em liberdade. Por isso, dê liberdade a si mesmo e imagine esta imagem: você é uma águia que abre suas asas e voa em direção ao sol; uma águia que descobre, vive e cria a sua liberdade. Siga seu coração e sinta para onde ele quer levá-lo.

Observações finais

A Regra de São Bento começa com a palavra "Escuta!" O ser humano deve ouvir a instrução de Deus, a voz que consegue ouvir dentro de si. Ele deve escutar suas necessidades e o caminho para o qual Deus o chama. A última palavra da Regra diz: "[...] então, por fim, chegarás" (RB 73,9). Aquele que ouve o seu caminho, que segue seu anseio "chegará em si mesmo e em Deus", que reside no ser humano.

O objetivo deste livro foi introduzir o leitor aos rituais e conscientizá-lo de como eles são essenciais para a nossa vida, como são importantes para entender a nós mesmos e nos encontrar sempre de novo, para, assim, vivermos em nosso centro e, a partir dele, criarmos a nossa vida.

Num mundo que aparentemente está se tornando cada vez mais caótico é importantíssimo termos um ancoramento dentro de nós mesmos e ali encontrarmos um apoio firme que nos permita ser corajosos, felizes e confiantes.

Nem todos podem ter uma vida tão ritualizada com a vida monástica, a qual tenho como monge. Por isso, desejo que este livro sirva-lhe de inspiração e encorajamento para descobrir, desenvolver e praticar os rituais que fazem bem à sua alma. Em seu próprio ritmo!

Que você possa ter uma vida "selvagem e apaixonada", "ordenada e orientada", e que os rituais possam lhe dizer: "Você é bem-vindo nesta vida! Você é protegido, abençoado e amado!" Para Deus, isso é a coisa mais natural.